编委会名单

大中小学思想政治理论课一体化专题教学设计

——经济与社会篇

饶玉萍　杨伟宾　何海燕　主编

四川大学出版社
SICHUAN UNIVERSITY PRESS

图书在版编目（CIP）数据

大中小学思想政治理论课一体化专题教学设计．经济与社会篇 / 饶玉萍，杨伟宾，何海燕主编．— 2版．— 成都：四川大学出版社，2024.5

ISBN 978-7-5690-6657-9

Ⅰ．①大… Ⅱ．①饶… ②杨… ③何… Ⅲ．①高等学校－思想政治教育－教学设计－中国②政治课－教学设计－中小学 Ⅳ．①G641 ②G633.202

中国国家版本馆 CIP 数据核字（2024）第 029433 号

书　　名：大中小学思想政治理论课一体化专题教学设计——经济与社会篇
　　　　　Da-Zhong-Xiaoxue Sixiang Zhengzhi Lilunke Yitihua Zhuanti
　　　　　Jiaoxue Sheji——Jingji yu Shehui Pian
主　　编：饶玉萍　杨伟宾　何海燕

选题策划：唐　飞
责任编辑：吴连英
责任校对：孙明丽
装帧设计：墨创文化
责任印制：王　炜

出版发行：四川大学出版社有限责任公司
　　　　　地址：成都市一环路南一段 24 号（610065）
　　　　　电话：（028）85408311（发行部）、85400276（总编室）
　　　　　电子邮箱：scupress@vip.163.com
　　　　　网址：https://press.scu.edu.cn
印前制作：四川胜翔数码印务设计有限公司
印刷装订：成都金阳印务有限责任公司

成品尺寸：170mm×240mm
印　　张：18.5
字　　数：273 千字

版　　次：2021 年 8 月 第 1 版
　　　　　2024 年 5 月 第 2 版
印　　次：2024 年 5 月 第 1 次印刷
定　　价：78.00 元

本社图书如有印装质量问题，请联系发行部调换

扫码获取数字资源

四川大学出版社
微信公众号

总 序

冯建军

“培养什么人、怎样培养人、为谁培养人”是教育的根本性问题。新时代的教育要全面贯彻党的教育方针，落实立德树人的根本任务，努力培养担当民族复兴大任的时代新人，培养德智体美劳全面发展的社会主义建设者和接班人。2019年3月18日，习近平总书记在学校思想政治理论课教师座谈会上指出，思想政治理论课是落实立德树人根本任务的关键课程。办好思想政治理论课，最根本的是要全面贯彻党的教育方针，解决好“培养什么人、怎样培养人、为谁培养人”这个根本问题。

重视思想政治教育和思想政治理论课（简称思政课）建设是我国教育的传统和突出优势。但长期以来，我们对思想政治教育和大中小学思政课一体化建设的意识不强，致使大中小学思政课的课程内容一体化设计、不同学段的衔接、不同课程的配置等存在许多问题。针对这些问题，习近平总书记明确要求，要把统筹推进大中小学思政课一体化建设作为一项重要工程，在大中小学循序渐进、螺旋上升地开设思政课。这一重要讲话为新时代大中小学思政课一体化建设指明了方向。

大中小学思政课一体化，坚持统一性、进阶性两大原则。统一性原则强调大中小学思政课教学目标的统一、教学核心内容的统一、教学理念和教学方法的统一。进阶性原则突出不同学段的特点，做到螺旋式上升。同一主题针对不同学段的特点设计区分度，同时协调好不同学段的衔接。小学阶段重在启蒙道德情感，初中阶段重在打牢思想基础，高中阶段重在提升政治素养，大学阶段重在增强使命担当。大中小学一体化是思政课建设的方向，实践中，我们需要具体落实，探讨一体化建设如何才能由表及里、由点到面，走实、走深；如何才能常态、长效；如何才能做到打破学段壁垒，既尊重学段差异，又能让各学段有效衔接；如何才能真正实现循序渐进、螺旋上升；等等。为了探索和解决这些问题，成都树德中学联合西南交通大学、四川大学、成都市实验小学、成都市龙江路小学，以专题化教学为突破口，按照一体化的思路，分专题开展教学设计，努力推动大中小学思政课一体化走实、走深。今天呈现在大家面前的“大中小学思想政治理论课一体化专题教学设计”丛书就是他们合作进行大中小学思政课一体化教学探索的成果。

这套丛书以习近平新时代中国特色社会主义思想铸魂育人的主线，按照中国特色社会主义事业“五位一体”总体布局和“构建人类命运共同体”这一时代命题，设置了《经济与社会篇》《政治与法治篇》《文化与哲学篇》《中国特色社会主义篇》《和平发展篇》五个分册。每个分册遵循教育的深层规律和内在逻辑，立足学生的健康成长，打破传统的学段区隔，以专题化教学设计为突破口，注重整体设计，让小学、初中、高中、大学四个学段围绕同一个主题，分工协作、同向发力，使“德育润无声、如春风化雨”般浸润学生心田。

这套丛书设计充分尊重各学段的特点，既强调各学段紧密结合学生的身心特点在教学目标、内容、方法上有明显区分度，又强调各学段“瞻前顾后”，有机衔接、层层深入、步步进阶，真正体现丛书“循序渐进、螺旋上升”的设计理念。在教学设计上既凸显了本段思维，又强调前段思维和后段思维的贯通，探索大中小学思政课沟通、协作、共建、共享的一体化运作机制，致力打造全学段育人的良好生态。

这套丛书每一专题构建了包含教学目标、教学内容、教学重难点、学情分析、设计思路、实施方案、资源链接、考核评价等在内的整体教学设计方案，切实发挥思政课的主渠道作用。丛书强调主导性和学生主体性相统一。在教学设计中，围绕学生、服务学生，积极回应不同学段学生的需求和期待，强调有的放矢、精准施教；贴近学生实际，用身边事说理，用学生喜闻乐见的形式教学，增强亲和力、吸引力和感染力，让教学不仅棱角分明而且有情有义；注重调动学生的积极性、主动性和创造性，吸引学生积极参与教学，全面提升其运用马克思主义的立场、观点、方法观察问题、分析问题、解决问题的能力，让教学活起来、动起来。

这套丛书体现了鲜明的集成与创新。大中小学思政课教学一体化是思想政治教育领域一场深刻的革命，需要全面深化改革，系统推进教学创新。丛书打破了传统的学段区隔，围绕专题一体设计教学，是教学理念的重大革新；丛书依据教材但又不局限教材，构建专题化的一体化教学体系，推动教材体系向教学体系、学生信仰体系转化，是教学体系的一次重构；丛书针对各学段的特点，将传统和现代相结合，综合运用案例分析、讨论辩论、情景体验、实践实验等方法开展教学，是教学方法的一次综合创新；丛书是成都树德中学、西南交通大学、四川大学、成都市实验小学、成都市龙江路小学五校在紧密的合作中探索大中小学思政课共融、共建、共育、共进的一体化建设新模式。

这套丛书坚持有所为、有所不为。有所为，就是坚持鲜明的实践导向，力求教学设计科学、实用，真正能为全国大中小学思政课一体化教学提供可借鉴、可复制的操作性范例；有所不为，就是不求面面俱到，但求重点突出，既给出方案，又留有自主空间，力图抛砖引玉让全国同仁深入探讨、多出良策。

大中小学思政课一体化的教学实践是一个新事物，还在探索之中。这套丛书给大家呈现的探索还不完美，还存在一些问题，如专题选择不合理、教学设计不科学、学段特征把握不精准、实际效果还有待实践进一步检验，等等。但新的实践探索，总需要有人走在前面，尽管不完美，但它是必须的，我们无法保证设计的是一个个完美的教学设计方案。习近平总书记指出，办好思政课关键在教师，关键在发挥教师的积极性、主动性、创造性。思政课教师的积极性、主动性和创造性一定能够弥补丛书中教学设计的不完美。

在这套丛书出版之际，写上几句话，既表示对丛书出版的祝贺，更表示对五校联合探索大中小学思政课一体化教学的赞赏，这是大中小学思政课一体化建设的实践之花，愿它常开不败！

（作者系国家教材委大中小学德育一体化专家委员会委员、义务教育道德与法治课程标准修订组核心成员、南京师范大学道德教育研究所所长。）

坚持和完善中国特色社会主义基本经济制度
推动经济高质量发展

经济工作是党治国理政的中心工作。新中国成立七十余年来，尤其是改革开放四十多年来，我国经济发展取得举世瞩目的历史性成就。党的十八大以来，以习近平同志为核心的党中央坚持加强党对经济工作的集中统一领导，坚持以人民为中心的发展思想，坚持适应把握引领经济发展新常态，坚持使市场在资源配置中起决定性作用、更好发挥政府作用，坚持适应我国经济发展主要矛盾变化、完善宏观调控，坚持问题导向部署经济发展新战略，坚持正确工作策略和方法等七个“坚持”推动我国经济发展产生更深刻、更广泛的历史性变革，我国经济已由高速增长阶段转向高质量发展阶段。

同时，党的十八大以来，国内外经济形势发生了错综复杂的变化。世界正经历百年未有之大变局，世界经济形势复杂严峻，国际贸易低迷；国内经济下行压力不断增大，经济恢复基础尚不牢固。如何认识我国当前经济发展的方向和出路，对经济形势应该怎么看、经济工作应该怎么干，是我们必须搞清楚的。与此同时，在思想领域，有一些错误思想影响着我们对当前经济形势和经济工作的判断和认识，试图破坏我们对中国特色社会主义基本经济制度的认识、对政府与市场关系的认识、对经济高质量发展的认识。

青少年阶段是人生的“拔节孕穗期”，是世界观、人生观和价值观形成的关键时期，更容易受到错误思想的影响，思想政治理论课无疑承担了帮助青少年树立正确的世界观、人生观和价值观这一重要使命。习近平总书记指出：“青少年是祖国的未来、民族的希望。我们党立志于中华民族千秋伟业，必须培养一代又一代拥护中国共产党领导和我国社会主义制度、立志为中国特色社会主义事业奋斗终身的有用人才。在这个根本问题上，必须旗帜鲜明、毫不含糊。这就要求我们把下一代教育好、培养好，从学校抓起、从娃娃抓起。在大中小学循序渐进、螺旋上升地开设思想政治理论课非常必要，是培养一代又一代社会主义建设者和接班人的重要保障。”①在经济领域，大中小学思政课的重要使命是引导学生加强对习近平新时代中国特色社会主义经济思想的正确认识，对中国特色社会主义经济发展道路的正确认识，对中国特色社会主义基本经济制度的正确认识，对中国经济高质量发展的正确认识。

为了更好地讲清楚我国的经济形势和经济工作，引导学生形成上述正确认识，我们选取了我国当前的所有制结构、分配制度、社会主义市场经济、经济高质量发展四个专题，分小学段、初中段、高中段、大学段四个学段，在整个设计中注重教学目标和内容纵向上的层次性、逻辑性和完整性，形式横向上的一致性和针对性，从而形成上下贯通、左右连接、结构完整的大中小学一体化教育方案。在教学目标和内容上注重不同学段的层次性、逻辑性和完整性。在教学目标方面，分小学、初中、高中、大学四个阶段，实现三个层次的目标：使学生知其然，知其所以然，知其所以必然。

知其然，解决是什么的问题，是小学和初中学段要实现的目标。其中，小学段解释每一专题涉及的一些现象，如在讲解生产资料所有制专题时，引导小学生正确认识东西是要分你的我的他的、公的私的这样一些启蒙性的现象，并培养学生爱护公物的基本意识；初中学段学习上升到概念

---

① 习近平.思政课是落实立德树人根本任务的关键课程[M].北京:人民出版社,2020：2，5–6.

性的阐释，如所有制、生产资料所有制、公有制、私有制等概念。

知其所以然，讲解为什么是这样的。这是高中学段思政课要实现的目标，主要讲解各专题的发展规律，从发展规律入手讲解我国基本经济制度为什么是符合规律的，为什么是好的。

知其所以必然，讲解为什么一定是这样的问题，即其必然性。这是大学学段要实现的目标，从马克思主义政治经济学出发，结合中国革命、建设和改革实际，解释中国特色社会主义经济发展道路的必然性，让学生认识到中国发展取得的巨大成就不是偶然的，是必然的。

在教学形式上，从横向维度保持每个学段的针对性，探寻适合小学生、初中生、高中生、大学生不同特点的教学方法。小学阶段，通过公益活动培养学生的基本意识，如通过公益活动培养爱护公物意识、勤劳节俭意识，通过种植高质量的豌豆尖培养学生绿色发展意识。初中、高中阶段分别根据需求设计适合该学段学生的商业活动，在实践中增强学生对经济知识和规律的认识。大学阶段则更加注重学生的探讨式学习、研究性学习、自主性学习。教学有法、教无定法、贵在得法，本书中的案例、经验、方式方法等都是基于编写组老师的实践与经验总结提升而来，以供全国思政课教师同仁交流、指正，有些具有普遍性，有些具有特殊性，不同的老师都应该有适合自身的教学方法。

本书的编写汇集了西南交通大学、成都树德中学、成都市实验小学的优秀教师，各位老师在完成日常教学、科研、管理等工作的基础上，牺牲休息时间，为本书的编写做了大量工作。最后的统稿工作由杨伟宾、饶玉萍两位老师共同完成。同时，囿于编写组老师的水平和精力有限，本书可能还有很多不足，这是我们以后需要持续努力的地方，更需要大中小学思政课教师全体同仁批评和斧正！

执笔人：杨伟宾

二〇二一年三月十六日 于成都西南交通大学犀浦校区

目 录
contents

专题一 决定财富分配的根本问题——生产资料所有制

专题二 走向共同富裕——我国的分配制度

专题三 高质量发展的体制保障——社会主义市场经济体制

专题四　更好满足人民对美好生活的向往——经济高质量发展

专题一

Topic 1

决定财富分配的根本问题——生产资料所有制

| 一体化设计目标及思路 |

习近平总书记指出："经济工作是党治国理政的中心工作。"[①]所有制问题是我国经济体制改革的基本问题之一。因此，正确理解"坚持公有制为主体、多种所有制经济共同发展"的生产资料所有制结构，是正确理解我国的当前经济社会状况、党治国理政的重要起点。引导学生正确认识当前我国的所有制结构是一项重要任务。本专题根据不同学段学生的特点，从公物与私物、爱护公物等意识的启蒙，到我国当前所有制结构基本内容的感性认知，逐次递进到所有制发展演进规律的理性把握，引导学生正确认识我国当前所有制结构的必然性和优越性，为正确理解我国当前经济发展形势和态势奠定基础。

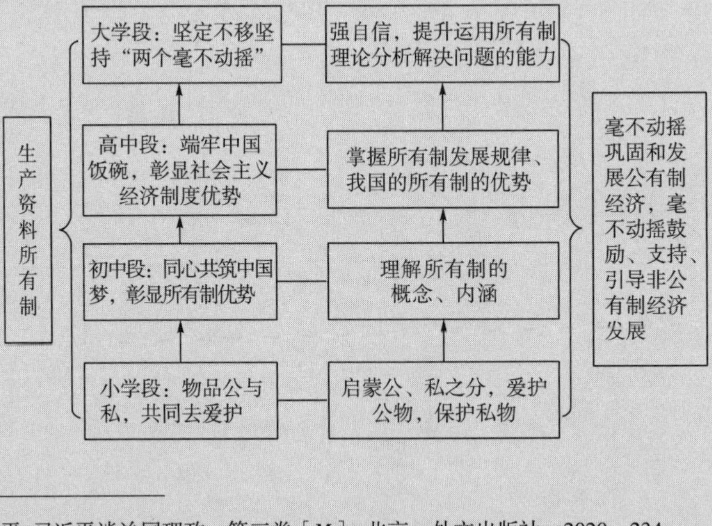

① 习近平. 习近平谈治国理政：第三卷［M］. 北京：外文出版社，2020：234.

小学段：物品公与私，共同去爱护

活动目的

1. 理解公物与私物的区别，培养学生爱护物品的意识

学校里会有很多物品，小学生要从小养成爱护物品的习惯，理解公共财物是什么，哪些物品属于学校，哪些物品属于个人。无论是公有的物品，还是私人的物品，都需要爱护，这是每个公民应该具有的美德。

2. 培养学生爱护公物的意识

学校里的公物是大家可以共同使用的，是国家和集体的财产。通过每学年班与班之间的公物移交仪式，让学生在真实的校园环境中，树立共同爱护公物的集体意识。

3. 培养学生的主人翁意识

公物由学校免费提供给班级使用，通过生与生的公物交接，让学生从生活实践出发，理解学生是公物的“主人”。我的公物我做主，这是一个班级应该树立的对公物的集体意识。

4. 培养学生的节约意识

公物顺利移交的前提是爱护。爱护公物需要有一定的常识，了解不同物品的使用方法和保护方式，能够在增长见识的基础之上更好地保护公物。同时，秉承节约的原则，也能减少对公物的损耗，提高公共财物的持久使用率，形成公物可持续使用的良性循环。

学情分析

小学段属于义务教育的初级阶段，小学生处于思想认识的形成阶段，处于由不知到知的过程，对新的学习和生活充满了好奇，此时正是对其进行思想政治教育的启蒙阶段。同时由于他们年龄小，注意力分散，实践类的活动更适合这个学段的学生。所以，本学段将在活动中让学生学会物品公与私的概念。同时，将通过长期性的规律活动有效地达到爱护公共财物的目的，让学生在实践中不断学习和提高。

设计思路

1. 设计理念

通过系列活动——公物述说记、爱护公物班级公约、公物交接仪式，让学生理解什么是公与私、为什么要爱护公物、怎样爱护公物，从而形成爱护公物的集体意识，懂得爱护公物要从自己做起，从现在做起，从点滴小事做起。

2. 思维导图

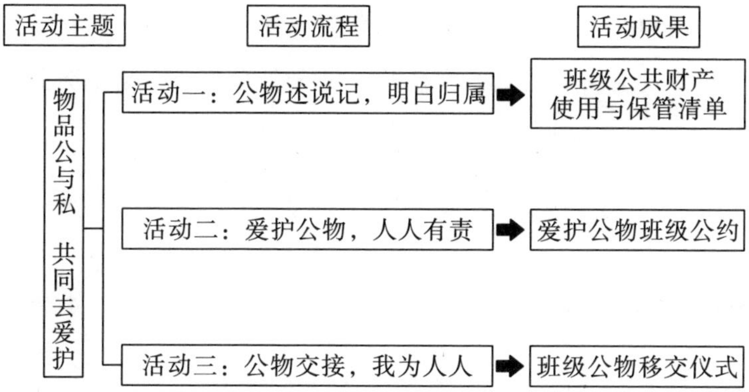

活动准备

1. 一份班级公物使用清单

公物移交之前，需要一份完整详细的班级公共财产使用与保管清单，这样每一个班级不仅能够清楚班级公物的数量，还能够明了班级公物的使用方法，比如电灯的节能使用、桌椅的保护方式等。这样的一份班级公物使用清单，能够帮助每一个班级从公物移交的第一刻，就开始培养学生保护公物的能力。

2. 一套公物使用及维修的课程

在学校里，学生需要了解哪些物品是公共物品，以及公物如何使用和爱护，公物损耗后如何维修等问题。思政教师团队和学校后勤团队共同研发了一套公物使用、维修的课程，就是为了教会学生如何辨别公共财物，如何在教室里正确用电、用水、使用桌椅、使用电脑设备等，从而建立公物使用公约，并教给学生如何利用学校系统App及时申请维修。课程从一年级开始学习，让爱护公物的意识从学生入学便根植在心里。

3. 一个公物移交仪式

公物移交仪式是由学校的后勤团队、思政教师团队和班级共同完成，因为学生和老师的人数不同，需要一套从“预约—分班—执行”的流程。公物移交通常发生在学期末或学期初，每个班级需要在指定时间内预约并执行。

活动实施

活动一：公物述说记，明白归属

活动目标

通过活动引导学生区别公和私的概念，理解什么是公共财物。

活动步骤

（1）学生分小组认识学校、班级及个人物品，区别国有财产、集体财产和个人财产。

（2）讨论如何爱护不同的物品，形成班级公共财物使用与保管清单。

××学校班级公共财产使用与保管清单

班级：　　　　　　学生签字：　　　　　　时间：

序号	品名	数量	接收时是否完好	学期末交接情况	维修使用情况	备注
1	课桌	张				
2	椅子	把				
3	门	扇				
4	门锁	把				
5	窗户	扇				
6	窗帘	块				

续表

序号	品名	数量	接收时是否完好	学期末交接情况	维修使用情况	备注
7	日光灯	盏				
8	风扇	个				
9	空调	个				
10	黑板	块				
11	讲桌	个				
12	饮水机	台				
13	书柜	个				
14	灭火器	个				
15	多媒体电视	台				
16	多媒体电脑	台				
17	钥匙	把				

活动二：爱护公物，人人有责

活动目标

理解公共物品的含义和使用公共物品的责任，形成爱护公物的集体意识。

活动步骤

（1）了解学校公物和班级公物使用的现状。

（2）分小组讨论并形成爱护公物班级公约。

爱护公物班级公约
1. 不在墙壁和门窗、玻璃、桌凳上乱涂、乱刻、乱画，不在门厅走廊、楼道及室内踢球、打球
2. 关门窗时要小心，以防打碎玻璃，不准用脚踢门，要爱护门锁，做到人走关窗锁门
3. 节约用电，不随便开拉电灯，做到人走灯灭；不浪费自来水和开水，水龙头用完后立即关好
4. 班内的卫生工具要爱护，使用后要放回原处，不乱拿别班的卫生工具，借用的工具用完要及时送还
5. 爱护图书、画报、杂志等，不在书报上乱写乱画，更不准将书刊内页撕下
6. 爱护黑板报上的字画
7. 爱护音乐、体育、美术器材及有关仪器设施；做实验时，要在教师的指导下进行，爱护实验仪器和用品及室内设备
8. 爱护草坪、花坛、树木，做到不踩、不攀、不折、不摘
9. 爱护学校的一切设施，不乱画、乱刻，不爬墙栏、不攀登建筑设施
10. 爱护宿舍财产，搞好卫生

活动三：公物交接，我为人人

活动目标

在活动中学生们不仅能够掌握劳动技能，还能培养保护公物的意识，同时公平地提升每一位学生的公共意识和责任感。

活动步骤

（1）学习公物使用及维修课程，结合安全用电，节约用水，正确使用电脑设备、桌椅、黑板等具体实例，学会如何正确使用公共物品，并在学习中探讨不同材质的物品的使用和维修方式。

（2）让学生一起清点公物数量，确定公物的使用状态，损坏的公物寻求学校后勤部门帮助，进行维修或购买。

（3）班级公物移交仪式流程如下：

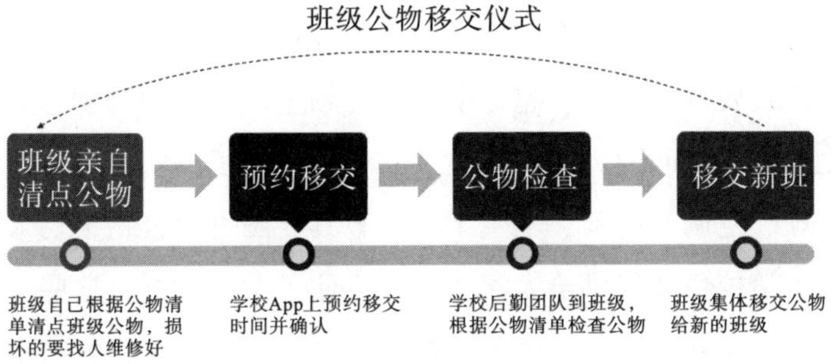

（4）后勤团队会根据班级使用公物的情况，进行评比，表彰能够集体爱护公物的班级。

活动效果

1. 爱护公物的公约，有助于学生尽早树立正确的世界观、人生观、价值观

意识是行为的先导。要改变行为，先要改变意识。建立爱护公物的公约，比如关于哪些是公物，为什么要爱护公物，怎样去使用和爱护公物的问题，有助于引导学生树立正确的世界观、人生观、价值观。那么，怎样才能建立爱护公物的公约呢？首先从班级中的门、窗、桌椅、黑板、图书、柜子、卫生工具、电灯、电扇、电视、讲桌及讲桌上面的物品等公物入手，让学生根据自己的认知和生活经验来完成保管清单的制作。这一系列的深入思考，让同学们明白：公物是大家的，不能据为己有；公物是给大家使用和分享的，自己使用公物时要爱护，不应该去破坏它们；爱护公物的行为是光荣的、快乐的，是举手之劳，是很容易做到的……具体形象的公物公约把抽象的“三观”融入身边的具体的物品中，有助于学生形成

正确的世界观、人生观、价值观。

2. 公物移交仪式，有助于增强集体意识和荣誉感，增强班级凝聚力

小学生最开始可能没有正确地认识和理解什么是集体，什么是集体荣誉感，为什么要顾全大局，怎样爱集体和顾全大局，而公物移交仪式可以帮助学生解答这些问题。公物移交仪式，以班级里的门窗、桌椅、黑板、讲桌、电灯、空调、电扇、卫生工具、教具、图书等公物为切入点，告诉学生公物由学校免费提供给大家使用，方便了学生学习，这些公物属于班级，属于每一位同学。每一个孩子都是班级公物的主人，大家不仅不能独占、破坏、损伤公物，而且要一起使用、分享、爱护它们。学校对每个班的公物管理情况进行考核，并在学年结束后完成班级间的移交，有利于调动学生爱护公物的集体意识，并形成学校中的一种文化传承。

3. 知行合一形成传统，共建美好家园

基于学科素养下的思政课而设计的活动，紧紧围绕学生所熟悉的校园环境，让学生在对校园公物的调研、思考、体验、交流中感受到公物对其学习生活的重要性，同时在体验、感悟中把爱护公物落实到具体行动中，做到知行合一。这样有规律的班级活动，易于形成校园文化。教师从学校视角拓宽到社会层面，从学校公物到社会公物的爱护，树立了人人要爱护公物的信心与责任意识，从自身做起，共建美好家园。

考核评价

评价项目	具体内容	评价等级			
		A	B	C	D
情感态度	1. 积极参与班级活动				
	2. 主动提出建设性意见				
	3. 能够遵守公约，爱护物品				

续表

评价项目	具体内容	评价等级			
		A	B	C	D
合作交流	1. 主动和同学配合，乐于帮助同学				
	2. 认真倾听同学的观点和意见				
	3. 对班级和小组的学习做出贡献				
	4. 小组协作管理公物				
学习技能	1. 会用多种方法搜集处理信息				
	2. 活动方案细致周全、切实可行				
	3. 能够对物品进行分类，管理方式多样				
成果展示	1. 爱护公物的方案汇报				
	2. 公物的使用情况				
	3. 成果有新意				
同学对我的评价					
父母对我的评价					
教师对我的评价					
我对自己的评价					

初中段：同心共筑中国梦，彰显所有制优势

教学目标

1. 知识目标

从学生生活实践出发，引导学生认识不同所有制的形式和作用，明确我国所有制结构的内容，理解我国所有制结构的必要性和重要性；培养学生有效认知我国当前的所有制结构使我国经济发展取得历史性成就。

2. 能力目标

初步培养学生运用所有制结构的知识认识、分析身边经济现象的能力。

3. 情感、态度和价值观目标

增强学生对所有制结构的认同，坚定制度自信，奠定浓烈的情感基础。

重点难点

1. 教学重点

引导学生充分感知各种所有制形式在社会经济生活中的作用，明确“公有制为主体、多种所有制经济共同发展”是我国社会主义初级阶段的一项基本经济制度。

2. 教学难点

理解国家对公有制经济和非公有制经济的政策。

学情分析

初中段处于义务教育的承前启后阶段，是在情感、意识启蒙基础上进一步对世界进行感性认识的主要阶段，同时也是世界观、人生观、价值观逐渐形成的阶段。在这个阶段，学生思想活跃，独立自主意识初步形成，同时在纷繁复杂的现象面前也容易产生思想困惑。本学段基于学生在小学已有初步的关于物品所有的感性认识，引导学生从知识层面正确认识当前我国的生产资料所有制形式、作用及所有制结构。

设计思路

1. 设计理念

结合初中生的年龄特征和认识特点，在教学中注重从日常生活中熟悉的经济现象入手，引导学生观察、思考、概括现象，逐步从感性认识过渡到理性认识。结合教学内容和学段特征，教学内容着重讲清现象“是什么”，并概括其基本内涵。

教学设计侧重摆事实讲道理，用典型事例、富有地方特色事例、身边熟悉事例说话，增强说服力，突出思想性、生动性、主体性，增强学生情感认同，提升学生生活参与能力。

2. 思维导图

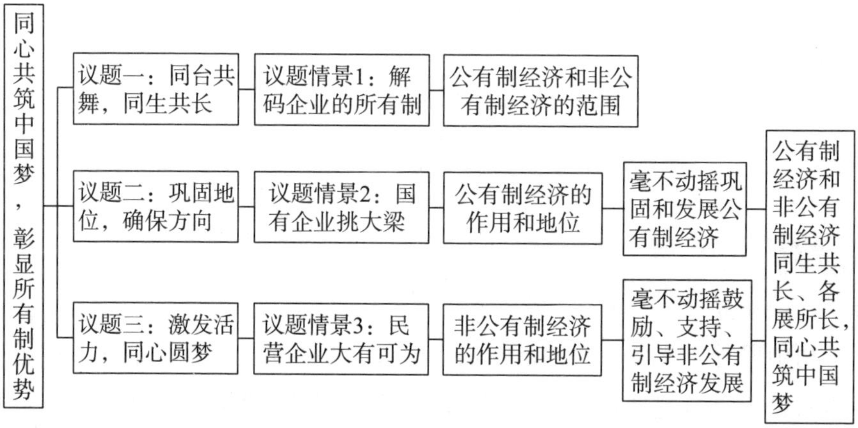

教学方法

情景探究法、比较分析法、归纳法。

教学内容

教学内容一：公有制经济和非公有制经济的范围

1. 公有制经济的范围：国有经济、集体经济以及混合所有制经济中的国有成分和集体成分

2. 非公有制经济的范围：个体经济、私营经济、外资经济以及混合所有制经济中的非公有制经济成分

教学内容二：公有制经济的作用和地位

1. 国有经济的主导作用

2. 集体经济的作用

3. 毫不动摇巩固和发展公有制经济

教学内容三：非公有制经济的作用和地位

1. 非公有制经济的作用

2. 毫不动摇鼓励、支持、引导非公有制经济发展

实施方案

总议题：同心共筑中国梦，彰显所有制优势

在社会主义市场经济蓬勃发展的背景下，生产是最重要的经济活动，生产资料则是最重要的生产资源，如：各种生产工具、土地、建筑物、道路、运河、仓库、机器、设备、厂房、资本等。明确生产资料的归属才能更好地使用、维护好各种生产资料，才能在分配中明确话语权。今天我们就一起进行一趟奇特的知识之旅吧！

议题一：同台共舞，同生共长

议题情景1：解码企业的所有制

华为是一家100%由员工持有的民营企业。华为通过工会实行员工持股计划，参与人数逐年上涨，截至2022年12月31日，参与人数为142315人，参与人仅为公司员工，没有任何政府部门、机构持有华为股权。（摘编自华为官网）

中国国家铁路集团有限公司（简称“中国铁路”）是经国务院批准、依据《中华人民共和国公司法》设立、由中央管理的国有独资公司。经国务院批准，公司为国家授权投资机构和国家控股公司。公司注册资本为17395亿元，由财政部代表国务院履行出资人职责。（摘编自中国国家铁路集团有限公司官网）

南街村集团是南街村创建的集体经济实体。南街村隶属河南漯河市临颍县城关镇，全村有回、汉两个民族，3700多人，500亩耕地，总面积1.78平方公里。南街村是一个在村党委坚强领导下，走集体共同富裕道路的村庄，生产资料全部公有，生活资料部分私有，属公有制集体经济。（摘编自南街村官网）

议学活动

（1）通过三家公司的官网介绍，大家能发现它们在生产资料所有制上的差别吗？

（2）与国有经济和集体经济相比较，私营经济则是生产资料私有，并以营利为目的和按资分配为主的一种经济类型。那么，作为非公有制经济的重要组成部分，个体经济和私营经济有什么不同呢？

议学总结

（1）华为是一家私营企业，它的生产资料归华为员工私有，属于私营经济。中国国家铁路集团有限公司是国有独资公司，它的生产资料归国家所有，属于国有经济。南街村集团是一家集体企业，它的生产资料归南街村集体所有，属于集体经济。

（2）个体经济和私营经济最大的差别是是否以雇用劳动为收入的主要来源。

教学内容一：公有制经济和非公有制经济的范围

1. 公有制经济的范围：国有经济、集体经济以及混合所有制经济中的国有成分和集体成分

（1）国有经济是由社会全体劳动者共同占有生产资料（以国家所有的形式存在）的公有制形式。国有经济是指生产资料归国家所有的一种经济类型，是社会主义公有制经济的重要成分。国有经济又称全民所有制经济，它包括中央和地方各级国家机关、事业单位和社会团体使用国有资产投资举办的企业，也包括实行企业化经营、国家不再核拨经费或核拨部分经费的事业单位和从事经营性活动的社会团体，以及上述企业、事业单位和社会团体使用国有资金投资举办的企业。社会主义全民所有制经济包括矿藏、河流、国有森林、荒地、草原和其他陆海自然资源，还包括全民所有的工厂、农场、商店、铁路、邮电和银行等。

（2）集体经济也是一种重要的生产资料公有制形式，它是由部分劳动者共同占有生产资料的一种公有制形式。比如：家庭联产承包责任制、农民专业合作社、城镇集体经济、股份合作制。

（3）国有资本、集体资本、非公有资本等交叉持股、相互融合形成混合所有制经济。混合所有制经济是我国生产资料所有制的重要实现形式，混合所有制经济中的国有成分和集体成分仍是公有制经济。

2. 非公有制经济的范围：个体经济、私营经济、外资经济以及混合所有制经济中的非公有制经济成分

（1）个体经济是个体劳动和经营，以劳动者自己的劳动为基础的一种非公有制形式，相对私营经济来说规模小、投资少、经营灵活。个体经济的经营者既是生产资料的所有者，又是主要劳动者，收入来源主要基于个体经济者的家庭成员的劳动，有的也雇少量学徒、帮工，但数量少，主要起帮工或辅助作用。

（2）私营经济是以生产资料私有和雇用劳动为基础，以营利为目的的一种非公有制形式。其规模较大，设备较先进，劳动生产率较高，雇工数量多，雇用工人提供的剩余劳动是企业收入的主要来源。

（3）外资经济是指境外（包括外国及港澳台）投资者在大陆境内设立的独资企业而形成的一种非公有制形式。外资企业属于外资经济。

议学实践

（1）猜猜看身边经济组织的所有制性质——中国石油、国家电力、农业合作社、新希望集团、肯德基、哈根达斯、农夫山泉、腾讯……

（2）判断下面资料卡中的社区企业的所有制性质，并说出理由。（集体经济）

2021年3月10日，成都青羊区府南街道举行主题为“旗心聚里·美好生活”的构建新型社会服务体系启动仪式，试点社区独立出资组建社区企业，构建社区生活服务平台，探索建立新型社会服务体系。街道设立的两个社区企业在老旧小区开展治理型物业试点，并在此基础上植入物业租赁、陪护养老、医养保健、家政保洁、生鲜配送、疏通维修、置换租借、无人售货等生活性服务。有关负责人说：

“社区企业的性质是社会企业，完全以群众需求为导向，以服务群众为目的，经营项目公开透明，运营收益将用于反哺社区发展治理，实现社区发展、治理和服务的有机融合。”（摘编自红星新闻）

（3）中国联通的所有制形式是什么？（国家控股的混合所有制企业）

2017年8月16日，中国联通表示，公司子公司联通运营公司16日在北京分别与腾讯、百度、阿里巴巴、京东等合作方以书面方式签署战略合作框架协议。交易全部完成后，按照发行上限计算，联通集团合计持有公司约36.67%股份，新引入战略投资者持股比例约35.19%，形成混合所有制多元化股权结构。

中国联通称，坚持在党的领导下，以董事会治理为核心，市场化运营为原则，拟通过本次混改形成多元化董事会和经理层，以及权责对等、协调运转、有效制衡的混合所有制公司治理机制。坚持同股同权，依法保护各类股东产权，让参与进来的国有资本和非国有资本有话语权，按照章程依法行使决策权。（摘编自中新网）

中国市场有着海纳百川的宽广胸襟和激浊扬清的强大力量，在社会主义市场经济背景下，我们坚持公有制为主体、多种所有制经济共同发展。

议题二：巩固地位，确保方向

议题情景2：国有企业挑大梁

2020年，众多“卡脖子”关键核心技术被攻克，一项又一项科技创新成果相继问世。上九天揽月，下五洋捉鳖，央企国之重器捷报频传。“2020年度央企十大国之重器”重磅揭晓：天问一号逐梦而行、嫦娥五号奔月取壤、奋斗者号万米探海、北斗系统建成开通、疫苗研发为人民织牢保护网、我国首台F级50MW重型燃气轮机满负荷运行、时速600公里高速磁浮试验样车成功试跑……一个个国之重器精彩亮相，让国人自豪、世界赞叹，彰显了中国制造不断增强的实力，凝聚着央企人在科技创新的投入和研发。（摘编自国务院国有资产监督管理委员会官网）

改革开放以来，南街村大力发展集体经济，走共同富裕道路，实现了物质文明和精神文明建设的飞速发展。经济建设上围绕农业办工业，深化农业产业化，建立了国家大型企业，拥有员工7000人，建有26家企业，年产值突破20亿元。随着经济实力的增强，南街村实行“工资+供给”的分配制度，村民免费享受水、电、气、住房、上学、医疗等多项福利待遇，经济上没有负担，生活上没有后顾之忧。成立了多种艺术团，大办教育事业，办起了报社、广播站、电视台和网站……获得“全国文明村”“中国十大名村”“中国幸福村”“中国十佳小康村”“国家级生态村”“全国优秀乡镇企业”等光荣称号。（摘编自南街村官网）

议学活动

（1）在我国国民经济中，国有经济具有什么样的优越性？发挥着怎样的作用？

（2）在南街村的发展中，你能感受到集体经济的发展都有哪些积极作用？

（3）结合国有经济和集体经济的作用，谈谈公有制经济的发展状况对共同富裕的实现有什么影响。

议学总结

（1）国有经济拥有雄厚的经济实力和先进的技术设备，它与社会化大生产紧密结合在一起，关系着国家的经济命脉、重要行业、关键领域；国有经济是国民经济的支柱，掌握国民经济的命脉，在国民经济中起主导作用。

（2）集体经济为新农村建设和粮食生产、脱贫攻坚、农村农民的致富做出了巨大的贡献。

（3）公有制经济促进生产力的发展、综合国力的增强和人民生活水平的提高，是中国特色社会主义经济制度的基础。

教学内容二：公有制经济的作用和地位

1. 国有经济的主导作用

国有经济拥有雄厚的经济实力和先进的技术设备，它与社会化大生产紧密结合在一起，对于提供公共服务、发展重要前瞻性战略性产业、保护生态环境、支持科技进步和保障国家安全等具有关键作用。国有经济是国民经济的支柱，掌握国民经济的命脉，国有经济在国民经济中起主导作用。

2. 集体经济的作用

集体经济是我国农村的主要经济形式，是社会主义公有制经济的重要组成部分。集体经济的生产资料属于一部分劳动者共同所有。发展、壮大集体经济，对于广泛吸纳社会资金、缓解就业压力、增加公共积累和实现共同富裕等具有重要作用。

3. 毫不动摇巩固和发展公有制经济

生产资料公有制，是与社会主义大生产相适应的，同社会发展方向相一致，是社会主义生产关系的最根本特征，是社会主义生产力迅速发展的重要保证，是全体劳动人民物质文化生活水平不断提高的基本条件，我们一定要毫不动摇巩固和发展公有制经济。

议学实践

（1）通过“中国铁路”和“南街村”官方网站，了解公有制经济的作用。

（2）如果你是成都公交集团的发言人，请就雾霾天公交车免费乘坐的决策发言。

答案略。

生产资料公有制是社会主义经济制度的基础，是社会主义经济的根本特征，因此我们应当坚持公有制为主体，继续优化国有经济布局，巩固和发展公有制经济，壮大实力，确保社会主义经济方向。

议题三：激发活力，同心圆梦

议题情景3：民营企业大有可为

华为创立于1987年，是全球领先的ICT（信息与通信）基础设施和智能终端提供商，致力于把数字世界带入每个人、每个家庭、每个组织，构建万物互联的智能世界：让无处不在的联接，成为人人平等的权利；为世界提供最强算力，让“云”无处不在，让智能无所不及；所有的行业和组织，因强大的数字平台而变得敏捷、高效、生机勃勃；通过AI重新定义体验，让消费者在家居、办公、出行等全场景获得极致的个性化体验。（摘编自华为官网）

2018年在民营企业座谈会上，习近平充分肯定改革开放40年的中国奇迹，民营经济功不可没；在全面建设社会主义现代化国家的新征程中，民营经济只能壮大、不能弱化，不仅不能“离场”，而且要走向更加广阔的舞台。强调要不断帮助、支持民营企业改革发展，让民营经济创新源泉充分涌流，让民营经济创造活力充分迸发。同时希望广大民营经济人士珍视自身的社会形象，践行社会主义核心价值观，爱国敬业、守法经营、创业创新、回报社会；讲正气、走正道，在合法合规中提高企业竞争能力……（新华网2018年11月1日报道《习近平在民营企业座谈会上的讲话》）

议学活动

（1）以华为为代表的非公有制经济的发展，对社会经济的发展有哪些积极作用?

（2）民营企业座谈会上习近平的讲话给了我们什么启示?

议学总结

（1）非公有制经济在支撑经济增长、增加税收、扩大就业、促进大众创业和万众创新等方面发挥着重要作用。当前非公有制经济的发展，促进了生产力的发展、综合国力的增强和人民生活水平的提高，为人民当家作主奠定了坚实的物质基础。

（2）包括民营经济在内的非公有制经济是社会主义市场经济的重要组成部分，我们要鼓励支持民营经济的发展，同时也要加强对民营经济的引导，充分发挥民营经济的积极作用。

教学内容三：非公有制经济的作用和地位

1. 非公有制经济的作用

非公有制经济在支撑经济增长、增加税收、扩大就业、促进大众创业和万众创新等方面发挥着重要作用，促进了生产力的发展、综合国力的增强和人民生活水平的提高，为人民当家作主奠定了坚实的物质基础。

2. 毫不动摇鼓励、支持、引导非公有制经济发展

在我国，公有制经济与非公有制经济都是社会主义市场经济的重要组成部分，都是我国经济社会发展的重要基础。

自改革开放以来，各种所有制经济同台共舞、相得益彰，适应了当前的生产力水平，推动社会主义市场经济蓬勃发展，为中国社会经济的发展发挥着自己的力量。实践证明，各种所有制经济都得到飞速发展，为人民当家作主奠定了坚实的物质基础。公有制经济和非公有制经济都是社会主义市场经济的重要组成部分，都是我国经济社会发展的重要基础。党的十九届四中全会重申“毫不动摇巩固和发展公有制经济，毫不动摇鼓励、支持、引导非公有制经济发展”，让公有制经济和非公有制经济同生共长、各展所长，同心共筑中国梦！

资源链接

1. 民营经济

关于民营经济的定义，尚未形成一致观点。一种较为认可的定义是，民营经济是民间投资建立和民间经营的以营利为目的的经济，它的主要成分是私营企业、个体工商户和农民专业合作社。其中，私营企业和个体工商户在民营经济中又占据了绝大部分。在当前有关民营经济的统计资料和

研究文献中，基本上也是按照如上的构成成分加以统计和分析研究的。

此外，关于民营经济的对象还存在三种不同意见。第一种意见认为，民营经济包括个体经济、私营经济、外资经济、民营科技企业、乡镇企业、股份合作制企业、国有民营企业。第二种意见认为，除去国有经济、集体经济、外资经济，其余的都可认为是民营经济。第三种意见认为，民营经济的范围包括个体经济、个人民营工业独资企业、合伙企业和股份制经济。第一种意见把外资经济包括在民营经济里面显然不太合适。第二种意见未考虑财产混合所有制经济，失之偏颇。第三种意见忽视了民营经济概念的特殊性在于经营主体。因此也有人认为，广义上的民营经济或许应包括三个方面：一是民有民营经济。即个体工商户、私营企业等。二是国有、集体民营经济。即国有、集体企业采取承包、租赁、拍卖、兼并、入股等形式交给民间团体和个人经营。三是财产混合所有制民营经济。随着产权的流动和重组，各种所有制企业的资产通过股份制等形式构建新的财产所有制结构的企业，由民间团体或者个人经营。

2. 为什么要发展混合所有制经济

党的十八届三中全会通过的《中共中央关于全面深化改革若干重大问题的决定》提出，“积极发展混合所有制经济”“允许更多国有经济和其他所有制经济发展成为混合所有制经济。国有资本投资项目允许非国有资本参股。允许混合所有制经济实行企业员工持股，形成资本所有者和劳动者利益共同体”。

发展混合所有制经济有利于国有资本放大功能、保值增值、提高竞争力，有利于各种所有制资本取长补短、相互促进、共同发展。我国出现混合所有制经济，主要源于国有企业改革。国有企业改革的方向是建立现代企业制度，即建立现代公司制，而规范的现代公司制是股权多元化的，除了原有的国有资本外，还要吸收其他非国有资本作为战略投资者。经过改革开放多年来的发展和积累，我国的社会资金是非常充足的，民间的投资热情和投资能力也是十分高涨的，他们热切地寻求着有良好成长空间和盈利机会的投资领域。进一步放开发展混合所有制经济的政策，无疑为急需注入资金扩张的国有经济所在的产业以及急需良好投资空间和机会的民间资本提供了双向利好的政策通道，急需发展壮大的战略性产业和大量过剩的民间资本将会通过混合所有制经济的发展而获得双赢的机会。

发展混合所有制经济有助于市场真正发挥配置资源的决定性作用。市场机制的基本规定性就是机会均等、规则公正、资源尽可能自由流动、企业自由组合。积极发展混合所有制经济，各种所有制经济充分借助市场机制的平台和渠道，在相互竞争的基础上获得更多的合作机会和发展，使得双方各自掌握的资本和资源可以更为充分地做到自由流动、自由组合，有助于市场机制更为充分地发挥调节作用。发展混合所有制经济，打开国有资本和民营资本进入实体经济的通道，有助于推动实体经济的调整和发展。允许混合所有制经济实行企业员工持股，形成资本所有者和劳动者利益共同体，保护和协调投资者和劳动者的利益关系，有助于充分调动投资者和劳动者两个方面的积极性。

3. 关于基本经济制度的宪法规定

根据《中华人民共和国宪法》的第六条、第七条、第十一条，我国坚持公有制为主体、多种所有制经济共同发展的基本经济制度。具体规定如下。

第六条　中华人民共和国的社会主义经济制度的基础是生产资料的社会主义公有制，即全民所有制和劳动群众集体所有制。社会主义公有制消灭人剥削人的制度，实行各尽所能、按劳分配的原则。

国家在社会主义初级阶段，坚持公有制为主体、多种所有制经济共同发展的基本经济制度，坚持按劳分配为主体、多种分配方式并存的分配制度。

第七条　国有经济，即社会主义全民所有制经济，是国民经济中的主导力量。国家保障国有经济的巩固和发展。

第十一条　在法律规定范围内的个体经济、私营经济等非公有制经济，是社会主义市场经济的重要组成部分。

国家保护个体经济、私营经济等非公有制经济的合法的权利和利益。国家鼓励、支持和引导非公有制经济的发展，并对非公有制经济依法实行监督和管理。

4. 社会的基本经济制度是该社会的生产关系的总和

生产关系是人们在生产过程中所形成的人与人之间的关系，由三个方面构成：生产资料归谁所有，人们在生产中的地位和相互关系，产品如何分配。

其中，生产资料归谁所有是最基本的、起决定性作用的方面，是生产关系的基础，是由社会生产的组织方式、社会生产的交换方式、社会生产成果的分配方式等内容来综合体现的动态过程。

5. 所有制

所有制是指生产资料占有、使用、处置并获得收益等一系列经济权利和经济利益关系的总和，就是生产资料归谁所有。所有制是指人们在不同的社会形态中对物质资料的占有形式，通常指对生产资料的占有形式。

在社会发展的不同阶段，存在着与生产力发展水平相适应的生产关系，不同的生产关系包含着不同性质的所有制形式。所有制决定着人们在生产中的地位及分配、交换关系，也决定着社会存在性质和政治法律制度。所有制是一切社会不可缺少的条件，是人们进行生产的前提。

生产资料所有制形式，其实质是生产资料归谁所有、为谁所支配的问题，它决定了生产关系的其他方面。因为谁占有了生产资料，谁就在生产过程中居支配地位，产品的分配也必然是按照有利于生产资料占有者的原则进行，从而也就决定了社会生产的目的。

所以，生产资料所有制决定生产关系的性质和根本特征，是社会经济制度的基础，是区分经济制度、社会制度的根本标志。由于生产资料所有制形式反映着国家制度的本质特征，制约着社会经济制度的其他方面，进而决定着国家政权的阶级本质，因而是国家经济制度的基础。因此，不同性质的国家，其生产资料所有制形式也不同。概而言之，资本主义国家实行以私有制为主体的所有制结构，而社会主义国家则实行以公有制为主体的所有制结构。我国要坚持社会主义道路，就必须坚持生产资料公有制的经济基础。

考核评价

采用过程性评价和实践性评价（课堂表现与课外综合素质能力拓展相结合）。

（1）社会实践。

①调查了解本土知名企业新希望集团的发展历程，撰写一份800字的企业成长小报告进行分享。

②各参观一家所在城市的大型国有企业和私营企业，或是调查集体经济、个体经济，了解国有经济、私营经济、集体经济、个体经济的特点和作用，撰写一份社会实践报告。

③搜集各种所有制经济齐心战“疫”的资料进行课堂分享。

（2）专项演说。3分钟“公立或私立（学校、医院、银行、企业）优势对对碰”的演说。

参考文献

［1］习近平. 坚持党的领导、加强党的建设是国有企业的独特优势［M］//习近平谈治国理政：第二卷. 北京：外文出版社，2017.

[2] 习近平. 在民营企业座谈会上的讲话 [N/OL]. (2018-11-01) [2021-05-24]. http://www.xinhuanet.com/politics/leaders/2018-11/01/c_1123649488.htm.

高中段：端牢中国饭碗，彰显社会主义经济制度优势

教学目标

引导学生正确认识生产资料所有制形式历史更替的一般规律，以及私有制向公有制转变过程中的特殊性和多样性；引导学生正确认识和评价我国现阶段的生产资料所有制。

学生能正确认识到我国以公有制为主体的内涵和坚持公有制为主体的必要性，认识到我国非公有制经济存在的合理性及其地位和作用，为学生增强制度自信和理论自信奠定基本的理性思维，做好理论知识储备。

重点难点

以公有制为主体的原因，公有制主体地位的体现。

国有经济主导地位的体现及实现形式，非公有制经济的地位和作用。

坚持“两个毫不动摇”。

学情分析

通过上一个阶段的学习，学生已经对社会主义初级阶段的生产资料所有制有了较为全面的认识，具备了一定的知识基础，初步认识了我国社会主义生产资料所有制的显著优势，对我国的社会主义生产资料所有制发展前途充满信心。

本学段学生身心特点：高中阶段的学生身心发展趋于成熟，知识积累量增多，社会接触面扩大，理性思维逻辑推理能力明显提高。但在宏观把握经济发展的时代背景、准确理解政策措施、深度探究制度优越性等方面，学生的认知水平和能力仍显不足。

本学段需要学生调动对社会经济生活的观察和认识，结合我国粮食安全的议题，认识所有制发展演进的规律，对我国生产资料所有制从感性认识上升到理性认识，为正确理解我国当前所有制结构的必然性和优越性，理解“两个毫不动摇”进一步奠定理论基础。

设计思路

1. 设计理念

本部分内容的基本任务是回答“决定财富分配的根本问题——生产资料所有制”这个问题。教学设计采用议题式活动探究法，以“端牢中国饭碗，彰显社会主义经济制度优势”为总议题，以“我国重视粮食安全”为主线。首先，通过分析使学生认识到物质资料的生产是人类社会生存和发展的基础，引导学生深入了解我国生产资料所有制的基本内容、社会主义公有制的地位及具体内容、非公有制的各种形式及非公有制在社会主义市场经济发展中所起的积极作用；其次，引导学生理解我国实行公有制为主体、多种所有制经济共同发展的必然性；最后，使学生懂得新时代应如何毫不动摇巩固和发展公有制经济，以及毫不动摇鼓励、支持、引导非公有制经济发展。

2. 思维导图

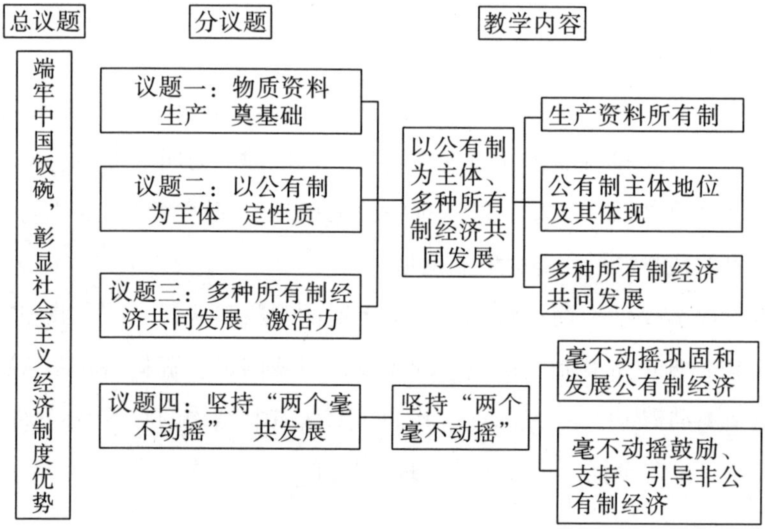

教学方法

议题式活动探究法、采访调研法、案例分析法。

教学内容

教学内容一：生产资料所有制

1. 物质资料生产

2. 生产资料所有制

3. 我国的生产资料所有制

教学内容二：公有制主体地位及其体现

1. 公有制经济的组成

2. 为什么坚持公有制经济的主体地位

3. 公有制主体地位的主要体现

4. 国有经济的作用和实现形式

教学内容三：多种所有制经济共同发展

1. 非公有制经济

2. 公有制经济与非公有制经济的关系、意义及要求

教学内容四：坚持“两个毫不动摇”

1. 毫不动摇巩固和发展公有制经济

2. 毫不动摇鼓励、支持、引导非公有制经济发展

实施方案

总议题：端牢中国饭碗，彰显社会主义经济制度优势

1994年，美国学者莱斯特·布朗在自己书籍中提出了一个问题——“谁来养活中国”？这一议题随即引发全世界对中国粮食安全问题的关注。中国是农业大国，同时长期是世界第一人口大国，要满足14亿多百姓的一日三餐确非易事。但时至今日，中国农业不仅养活了自己，还为保障世界粮食安全问题、减少全球饥饿人口贡献了力量。我国是如何稳定粮食生产、端牢中国饭碗的？中国特色社会主义经济制度发挥了重要作用。

议题一：物质资料生产　奠基础

【议题情景1】

国以民为本，民以食为天。自古以来，粮食安全都是治国安邦的头等大事，是维护国家安全的重要基石，是增进民生福祉的重要保障，是应对风险挑战的重要支撑。“十三五”以来，我国粮食生产稳定发展，我国2020年全年粮食总产量13390亿斤。人均粮食占有量超过470公斤，高于世界平均水平。中国用全球9%的耕地、6%的淡水资源生产的粮食，养活了近20%的人口，实现了由“吃不饱”到“吃得饱”进而“吃得好”的历史性转变。中国人的饭碗牢牢地端在自己手里，为中国经济社会发展发挥了“压舱石”作用。（摘编自央视新闻网）

议学活动

粮食从哪儿来？我国为什么要重视粮食安全？

议学总结

（1）人类要生存和发展，就要满足衣食住用行等基本生活需要，就必须进行物质资料生产。

（2）物质资料生产离不开人的劳动和生产资料，中国人的饭碗牢牢地端在自己手里，为中国经济社会发展发挥了“压舱石”作用。

教学内容一：生产资料所有制

1. 物质资料生产

物质资料的生产是人类社会生存和发展的基础。恩格斯曾经指出：“人们首先必须吃、喝、住、穿，然后才能从事政治、科学、艺术、宗教等等。”[①]物质资料的生产离不开人的劳动和生产资料。劳动是财富的源泉，生产资料是创造物质财富和精神财富的条件。

2. 生产资料所有制

人们在从事物质资料生产过程中必然发生两方面的关系：一方面是人与自然的关系，表现为生产力，是生产的自然属性；另一方面是人与人之间的关系，表现为生产关系，是生产的社会属性。生产关系构成了社会的经济基础，经济基础又决定了上层建筑。所以说，生产资料所有制是生产关系的核心，在生产关系中起着决定性作用，是经济制度的基础；不同社会的生产资料所有制不同，同一社会也可以有不同的生产资料所有制，其中占支配地位的生产资料所有制决定着这个社会的基本性质和发展方向。

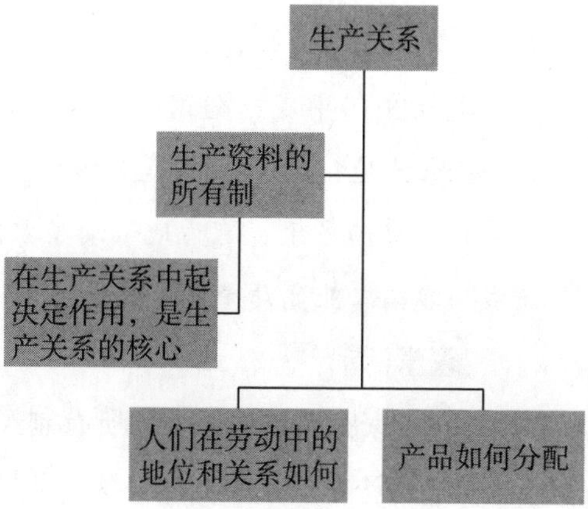

3. 我国的生产资料所有制

我国的生产资料所有制：我国在社会主义初级阶段坚持公有制为主体、多种所有制经济共同发展。我国的基本经济制度是中国特色社会主义制度的重要支柱，体现了中国特色社会主义制度的优越性。

（1）地位：生产资料所有制在生产关系中起着决定作用，是生产关系的核心，是经济制度的基础。

（2）作用：占支配地位的生产资料所有制决定着一个社会的基本性质和发展方向。

① 马克思，恩格斯.马克思恩格斯选集：第二卷［M］.北京：人民出版社，1972：574.

议题二：以公有制为主体　定性质

【议题情景2】

家庭农场以家庭成员为主要劳动力，以家庭经营为基本经营单元，从事农业规模化、标准化、集约化生产经营，是现代农业的主要经营方式。浙江省引导家庭农场组建合作社，从单打独斗转变为抱团发展，注重从产业、市场、产权重组入手，引导主体走向联合，构建“小农户—家庭农场—合作社—农业龙头企业”的宝塔式经营主体体系。

截至2019年底，全国纳入农业农村部门名录的家庭农场近60万家，经营土地1.6亿亩，家庭农场数量稳步增长，发展质量日益提升，经营产业日趋多元，有力地带动了农民增收。欣欣向荣的家庭农场，正成为我国农业高质量发展的生力军。（摘编自中国政府网）

议学活动

（1）家庭农场属于哪种所有制经济？

（2）坚持和完善公有制经济是如何促进农村的高质量发展的？

议学总结

家庭农场属于公有制经济中的集体经济。发展家庭农场，促进了农村土地流转与规模经营，提高了农业劳动生产率；推进农业品牌化、专业化经营，增强了农产品市场竞争力，促进了农村的高质量发展等。

教学内容二：公有制主体地位及其体现

1. 公有制经济的组成

公有制经济包括国有经济、集体经济及混合所有制经济中的国有成分和集体成分。

国有经济是指生产资料归国家所有的一种经济类型，是社会主义公有制经济的重要组成部分。

集体经济是指生产资料属于劳动群众集体所有、实行共同劳动、在分配方式上以按劳分配为主体的社会主义经济类型。

混合所有制经济是指财产权分属于不同性质所有者的经济形式。从宏观层次来讲，混合所有制经济是指一个国家或地区所有制结构的非单一性，即在所有制结构中，既有国有、集体等公有制经济，也有个体、私营、外资等非公有制经济，还包括拥有国有成分和集体成分的合资、合作经济；而作为微观层次的混合所有制经济，是指不同所有制性质的投资主体共同出资组建的企业。

2. 为什么坚持公有制经济的主体地位

（1）公有制经济是社会主义初级阶段经济制度的根本特征，为国家建设、国防安全、人民生活改善做出了突出贡献，是社会主义经济制度的基础。

（2）公有制经济是促进生产力发展的根本要求。

（3）公有制经济是实现共同富裕的基本前提。

3. 公有制主体地位的主要体现

（1）公有资产在社会总资产中占优势。这是就全国而言，有的地方、有的产业可以有所区别。公有资产占优势，要有量的优势，更要注重质的提高。

（2）国有经济控制国民经济命脉，对经济发展起主导作用。

【议题情景3】

成立于1949年的中粮集团，经过70余年发展，从单一的粮油进出口公司，成长为集农产品贸易、物流、加工和粮油食品生产销售为一体的国际一流粮食企业，为全球近四分之一的人口提供粮油食品，一步一个脚印，走过了一段波澜壮阔的历程。“十三五”期间，中粮打造2～3个营收超1000亿元规模、4～5个营收超500亿元规模的专业化公司。作为全产业链布局的农粮央企和农业产业化引领性龙头企业，中粮集团长期以来积极探索中国特色农业产业化发展之路。通过技术创新、结构升级、提质增效等举措，弥补全产业链关键环节、关键能力的短板，打造全球领先国际化大粮商和世界领先的综合性食品企业。（摘编自《经济观察报》）

议学活动

中粮集团在保障国家粮食安全中发挥了什么样的作用?

议学总结

粮食安全是治国安邦的头等大事，是维护国家安全的重要基石。中粮集团在保障粮食供给，维护国家粮食安全，保障人民共同利益等方面发挥着重要作用。

4. 国有经济的作用和实现形式

（1）国有经济作用。国有经济起主导作用，主要体现在控制力上。对关系国民经济命脉的重要行业和关键领域，国有经济必须占支配地位。

（2）国有经济实现形式。国有企业是国有经济最主要的实现形式，是中国特色社会主义的重要物质基础和政治基础，是推进国家现代化、保障人民共同利益的重要力量，是我们党执政兴国的重要支柱和依靠力量。

议题三：多种所有制经济共同发展　激活力

【议题情景4】

上海某民企近年来在巴西收购两家大型粮食贸易公司并拥有超过一半的股权，让国外优质农业食品资源对接中国市场，实现“种世界的地，产中国的粮”。如今两家公司运作良好，有着700多万吨大豆资源，未来在巴西有望拥有3000万吨粮食资源。

议学活动

该企业属于什么性质的所有制？在保障我国粮食安全问题上发挥了怎样的作用？

议学总结

该企业属于非公有制经济中的私营经济。该企业在我国粮食安全问题上，关注国家粮食发展，积极开拓国际市场，发挥了积极的作用。

教学内容三：多种所有制经济共同发展

1. 非公有制经济

1）非公有制经济范围

非公有制经济包括个体经济、私营经济、外资经济以及混合所有制经济中的非公有制成分。

2）个体经济、私营经济和外资经济的含义

个体经济是指由劳动者个人或家庭占有生产资料，从事个体劳动和经营的经济。在这种经济中，是以生产资料私有和劳动者自己的劳动为基础的。

私营经济是指以生产资料私有和雇佣劳动为基础的经济以及混合所有制经济中的私人成分。

外资经济是指外国投资者和港澳台投资者根据我国法律法规在中国大陆设立的独资企业以及中外共同设立企业的外商投资部分。

3）非公有制经济的地位和重要作用

地位：非公有制经济是社会主义市场经济的重要组成部分。

作用：改革开放以来，非公有制经济不断发展壮大，成为稳定经济增长和改善民生的重要力量、创业就业的重要领域、技术创新的重要主体、国家税收的重要来源，为我国社会主义市场经济发展、政府职能转变、农村富余劳动力转移、国际市场开拓等发挥了重要作用。

有人说，公有制经济和非公有制经济两者不可兼容，非公有制经济会不断攫取公有制经济的地位，逐渐占据主导，所以我们国家应当遏制非公有制经济的发展。

议学活动

辩题——非公有制经济的发展是否会影响公有制经济的主体地位。

议学总结

在社会主义初级阶段，公有制经济与非公有制经济不是相互排斥、相互抵消的，而是相辅相成、相得益彰、共同发展的，统一于社会主义现代化建设进程之中。

2. 公有制经济与非公有制经济的关系、意义及要求

（1）关系：在社会主义初级阶段，公有制经济与非公有制经济不是相互排斥、相互抵消的，而是相辅相成、相得益彰、共同发展的，统一于社

会主义现代化建设进程之中。

（2）意义：多种所有制经济共同发展，有利于形成各种各样所有制之间的市场竞争关系，从而发挥各种所有制的长处，调动不同经济主体的积极性和创造性，有效利用各方面的资源，取长补短，激发社会主义市场经济的活力，推动经济的持续健康发展。

（3）要求：现阶段，不能实行单一的公有制，更不能搞私有化。

议题四：坚持“两个毫不动摇” 共发展

【议题情景5】

《财富》杂志2020年10月发布的《财富》世界500强排行榜。中国企业上榜数量创新高，为133家，其中中国大陆（含香港）公司数量为124家。中国企业首次超过美国（121家）。

500强榜单中，共有72家企业的营业收入超过1000亿美元，其中有17家中国企业。这17家中国企业大多为国有企业。

北京国电龙源环保工程有限公司结合生态环保领域高新技术企业特征，以实现战略转型为目标，全力推动了“一体、两翼、一保障”的综合改革。完善董事会建设，明晰治理主体权责界面，推进所属企业一体化，完善法人治理结构“一体”；推行职业经理人制度和事业部制+内部模拟市场，实施全员市场化薪酬，骨干员工持股和重点对象精准激励，建立市场化经营机制、激励约束机制“两翼”；强化内部监督机制，构建全方位大监督体系“一保障”。（摘编自《改革样本：国企改革“双百行动”案例集》）

议学活动

搜集典型案例，谈谈我国是如何发展壮大国有经济的。

教学内容四：坚持“两个毫不动摇”

1. 毫不动摇巩固和发展公有制经济

1）发展壮大国有经济

加强主导：发展壮大国有经济，要以解放和发展社会生产力为标准，以提高国有资本效率、增强国有企业活力为中心，全面推进依法治企，加强和改进党对国有企业的领导，做强做优做大国有企业，不断增强国有经济活力、控制力、影响力、抗风险能力。

服务战略：发展壮大国有经济，要服务于国家战略目标，把国有资本更多投向关系国家安全、国民经济命脉的重要行业和关键领域，重点提供公共服务、发展重要前瞻性战略性产业、保护生态环境、支持科技进步、保障国家安全。

混改方向：发展壮大国有经济，要发展国有资本、集体资本、非公有资本等交叉持股、相互融合的混合所有制经济，分类推进国有企业混合所有制改革。

【议学情景6】

某村原是出了名的穷村，如今，已经蜕变为“开门就是花园、全村都是景区”的中国美丽乡村精品示范村。该村的成功秘籍在于“田园综合体模式”。与省农科院合作打造农业高新产业园区，发展创意农业；成立经营公司，专注景区的管理和营销宣传。同时采用“公司+村+家庭农场”的经营模式，引进资本，打造了中药农场、花园农场、万竹农场等项目，实现公司、村、家庭农场三方共同体共营共利。

议学活动

总结该村的发展经验，你还知道哪些发展农村集体经济的经营方式？它们是如何实现乡村振兴，促进共同富裕的？

议学总结

农村集体经济的经营方式包括农民专业合作社和股份合作等多种形式，发展多种形式适度规模经营、培育新型农业经营主体对促进乡村振兴、实现共同富裕具有重要作用。

2）发展壮大农村集体经济

制度安排：要巩固农村基本经营制度，深化农村土地制度和集体产权制度改革。

保障权益：保障农民财产权益。

创新经营：要发展多种形式适度规模经营，培育新型农业经营主体，健全农业社会化服务体系，建立符合市场经济要求的集体经济运行机制。

【议学情景7】

习近平总书记在民营企业座谈会上指出：“近来，一些民营企业在经营发展中遇到不少困难和问题，有的民营企业家形容为遇到了‘三座大山’：市场的冰山、融资的高山、转型的火山。”“三座大山”形象地表明了当下民营企业面临的困境，但深入分析这些困难和问题的成因，不难发现民营经济面临的困难是发展中的困难，只要跨越“三座大山”，民营经济前途远大，大有可为。（摘编自何自力《跨越“三座大山”，民营经济大有可为》，《光明日报》2018年11月28日02版）

议学实践

查找资料，习近平总书记近年来考察过的民营企业，以及发表过的关于坚持“两个毫不动摇”的重要讲话。

2. 毫不动摇鼓励、支持、引导非公有制经济

1）原因

我国非公有制经济是在坚持公有制主体地位和发挥国有经济主导作用的前提下，在党和国家方针政策的鼓励和支持下发展起来的，是推动经济社会发展的重要力量。

2）措施

市场环境：要保证各种所有制经济依法平等使用生产要素、公开公平公正参与市场竞争、同等受到法律保护和法律监管；要贯彻落实包括市场准入、企业融资等在内的促进非公有制经济健康发展的各项政策措施，形成促进非公有制经济发展的良好环境和社会氛围。

经营水平：要支持和帮助非公有制企业提高企业管理水平，完善管理体制机制，提高生产技术水平和研发能力，从而不断提高企业的效率和市场竞争力。

权责统一：要推动非公有制经济人士做合格的中国特色社会主义事业建设者。非公有制经济人士要坚持爱国敬业，坚持守法经营、诚信经营，坚持回报社会、积极承担社会责任，树立企业的良好社会形象。

资源链接

1. 国企改革历程

我国国有企业改革历程：1978—1980年以扩大企业自主权试点为突破口，1981—1982年的主要内容是试运行经济责任制，1983—1986年的主要内容是利改税，1987—1991年的主要内容是完善企业的经营机制，1992年后以建立现代企业制度为改革目标。

以习近平同志为核心的党中央高度重视国有企业改革。党的十八大以来，习近平总书记站在党和国家事业发展全局的战略高度，针对国有企业改革发展和党的建设发表一系列重要讲话、作出一系列重要指示批示，用一系列相互联系、相互贯通的重大理论创新和科学判断，深刻阐明了新时代为什么要做强做优做大国有企业、怎样做强做优做大国有企业这个重大的时代命题，为深入推进新时代国有企业改革发展提供了强大思想武器和科学行动指南。2016年，习近平总书记在全国国有企业党的建设工作会议上强调："坚持党对国有企业的领导是重大政治原则，必须一以贯之；建立现代企业制度是国有企业改革的方向，也必须一以贯之。"2015年，习近平总书记在吉林省考察调研期间强调："推进国有企业改革，要有利于国有资本保值增值，有利于提高国有经济竞争力，有利于放大国有资本功能。"全面贯彻党的十九大，十九届二中、三中、四中、五中全会和中央经济工作会议精神对国有企业改革发展提出了全方位的新要求，尤其是十九届四中全会从坚持和完善社会主义基本经济制度、推进经济高质量发展高度对国有企业改革发展提出了具体要求："探索公有制多种实现形式，推进国有经济布局优化和结构调整，发展混合所有制经济，增强国有经济竞争力、创新力、控制力、影响力和抗风险能力。十九届五中全会进一步指出："深化国资国企改革，做强做优做大国有资本和国有企业。加快国有经济布局优化和结构调整，发挥国有经济战略支撑作用。加快完善中国特色现代企业制度，深化国有企业混合所有制改革。健全以管资本为主的国有资产监管体制，深化国有资本投资、运营公司改革。”

2020年6月30日，习近平总书记主持召开中央深改委第十四次会议，审议通过了《国企改革三年行动方案（2020—2022年）》，这是面向新发展阶段我国深化国有企业改革的纲领性文件。党的十九届五中全会着眼“十四五”以及更长时期经济社会发展目标任务，对国资国企改革发展作出重大战略部署。2020年底召开的中央经济工作会议进一步强调要深入实施国企改革三年行动。当前，要深刻认识实施国企改革三年行动的重大意义，努力推动国有企业改革向纵深发展，以改革创新引领国资国企高质量发展，在构建新发展格局中展现新作为，为全面建设社会主义现代化国家作出重要贡献。

一、明确新时代深化国企改革的出发点和落脚点。强调国有企业是中国特色社会主义的重要物质基础和政治基础，是党执政兴国的重要支柱和依靠力量，是党领导的国家治理体系的重要组成部分；强调要坚定不移把国企做强做优做大，不断增强国有经济竞争力、创新力、控制力、影响力、抗风险能力。这一系列重要论述，深刻阐明了做强做优做大国有企业决不只是一个纯粹的经济问题，更是一个重大的政治问题，在改革推进的过程中必须理直气壮地做强做优做大国有资本和国有企业，决不能把国有企业搞小了、搞垮了、搞没了。

二、明确新时代深化国企改革的原则。强调要坚持和加强党对国有企业的全面领导，坚持和完善基本经济制度，坚持社会主义市场经济改革方向；强调坚持党对国有企业的领导是重大政治原则，必须一以贯之，建立现代企业制度是国有企业改革的方向，也必须一以贯之。这一系列重要论述，深刻阐明了我国国企改革是有立场、有方向、有原则的，必须根植于中国国情，体现中国特色社会主义的本质要求，同时必须遵循市场经济规律和企业发展规律，坚持建立现代企业制度的方向，要将两者统一于中国特色现代国有企业制度的实践中。

三、明确新时代深化国企改革的标准。强调推进国企改革要以增强企业活力、提高效率为中心，提高国企核心竞争力；强调推进国有企业改革，要有利于国有资产保值增值，有利于提高国有经济竞争力，有利于放大国有资本功能。这一系列重要论述，深刻阐明了通过改革使国有企业真正成为独立的市场主体，在激烈的市场竞争中充满活力、发展壮大，是检验改革成效的根本标尺。

四、明确新时代深化国企改革的前提。强调国有企业改革要先加强监管、防止国有资产流失；强调要按照以管资本为主加强国有资产监管的要求，依法依规建立和完善出资人监管权力和责任清单，重点管好国有资本布局、规范资本运作、提高资本回报、维护资本安全。这一系列重要论述，深刻阐明了国有资产属于全民所有，是全体人民的共同财富，实现国有资产保值增值、防止国有资产流失，是国企改革的根本前提。

五、明确新时代深化国企改革的政治保证。强调坚持党的领导、加强党的建设是国有企业的“根”和“魂”；强调国有企业党的领导、党的建设只能加强，不能削弱。这一系列重要论述，深刻阐明了我国国有企业不同于其他所有制企业，也不同于其他国家的国有企业，具有中国特色的特殊属性，“特”就特在必须坚持中国共产党的领导，这是深化国有企业改革必须坚守的政治方向、政治原则。

（资料来源：①摘编自《求是》2021年版；②摘编自郝鹏《深入实施国企改革三年行动 推动国资国企高质量发展》）

国有企业改革发展经历40多年，“十四五”时期全面深化国有企业改革也必须从“两个大局”的基本出发点来谋划，整体、系统和协同地实质推进国有企业改革深化，是进一步完善社会主义基本经济制度，实现制度创新突破、提高国有企业活力和效率的关键任务，增强了国有经济整体功能、促进了国有企业高质量发展。

2. 农民专业合作社

农民专业合作社是在农村家庭承包经营基础上，同类农产品的生产经营者或者同类农业生产经营服务的提供者、利用者，自愿联合、民主管理的互助性经济组织。农民专业合作社以其成员为主要服务对象，提供农业生产资料的购买，农产品的销售、加工、运输、贮藏，以及与农业生产经营有关的技术、信息等服务。农民专业合作社的成员中，农民至少应当占成员总数的百分之八十。

自愿、自治和民治管理是合作社制度最基本的特征。合作社作为一种独特的经济组织形式，其内部制度与公司型企业相比有着本质区别。股份公司制度的本质特征是建立在企业利润基础上的资本联合，目的是追求利润的最大化，“资本量”的多寡直接决定盈余分配情况。在合作社内部，起决定作用的不是成员在合作社中“股金”，而是“交易”。合作社的主要功能是为社员提供交易上所需的服务。合作社与社员的交易不以营利为目的。合作社的盈余，除了一小部分留作公共积累外，大部分要根据社员与合作社发生的交易额的多少进行分配。实行按股分红与按交易额分红相结合，以按交易额分红为主，是合作社分配制度的基本特征。合作社与其他经济主体的交易也是以营利为目的的。

其基本特征是：①在组织构成上，合作社以农民为经济主体，主要由进行同类农产品生产、销售等环节的公民、企业、事业单位联合而成，农民至少占成员总人数的百分之八十，从而构建了新的组织形式；②在所有制结构上，合作社在不改变家庭承包经营的基础上，实现了劳动和资本的联合，从而形成了新的所有制结构；③在收益分配上，合作社对内部成员不以营利为目的，将利润返还给成员，从而形成了新的收益分配制度；④在管理机制上，合作社实行入社自愿、退社自由、民主选举、民主决策等原则，建构了新的经营管理体制。

3. 非公有制经济政策的发展

1978年党的十一届三中全会后，非公有制经济开始得到恢复和发展。1987年，党的十三大明确提出鼓励发展个体经济、私营经济的方针。1992年党的十四大提出要以公有制包括全民所有制和集体所有制为主体，个体经济、私营经济、外资经济为补充，多种经济成分长期共同发展。1997年党的十五大确立"以公有制为主体、多种所有制经济共同发展，是中国社会主义初级阶段的一项基本经济制度"，明确提出"非公有制经济是我国社会主义市场经济的重要组成部分"。党的十六大提出"毫不动摇地巩固和发展公有制经济"，"毫不动摇地鼓励、支持和引导非公有制经济发展"。

党的十八大以来，党和国家推出一系列关于非公有制经济发展的改革举措，形成了鼓励、支持、引导非公有制经济发展的政策体系。党的十八届三中全会提出，公有制经济和非公有制经济都是社会主义市场经济的重要组成部分，都是我国经济社会发展的重要基础；公有制经济财产权不可侵犯，非公有制经济财产权同样不可侵犯；国家保护各种所有制经济产权和合法利益，坚持权利平等、机会平等、规则平等，废除对非公有制经济各种形式的不合理规定，消除各种隐性壁垒，激发非公有制经济活力和创造力。党的十八届四中全会提出要"健全以公平为核心原则的产权保护制度，加强对各种所有制经济组织和自然人财产权的保护，清理有违公平的法律法规条款"。党的十八届五中全会强调要"鼓励民营企业依法进入更多领域，引入非国有资本参与国有企业改革，更好激发非公有制经济活力和创造力"。2018年11月1日，习近平总书记主持召开民营企业座谈会并发表了十分重要的讲话："非公有制经济在我国经济社会发展中的地位和作用没有变！我们毫不动摇鼓励、支持、引导非公有制经济发展的方针政策没有变！我们致力于为非公有制经济发展营造良好环境和提供更多机会的方针政策没有变！”三个“没有变”表明了党中央毫不动摇鼓励、支持、引导非公有制经济发展的坚定决心和鲜明态度，党在坚持基本经济制度上的观点是明确的、一贯的，而且是不断深化的，从来没有动摇。公有制经济和非公有制经济都是社会主义市场经济的重要组成部分，都是我国经济社会发展的重要基础。强调把公有制经济巩固好、发展好，同鼓励、支持、引导非公有制经济发展不是对立，相互排斥、相互抵消的，而是有机统一，相辅相成、相得益彰的。促进非公有制经济健康发展和非公有制经济人士健康成长是重大经济问题，也是重大政治问题。习近平总书记指出，非公有制经济要健康发展，前提是非公有制经济人士要健康成长，并提出广大非公有制经济人士要自我学习、自我教育、自我提升，做合格的中国特色社会主义事业建设者。促进非公有制经济健康发展和非公有制经济人士健康成长，要坚持团结、服务、引导、教育的方针，一手抓鼓励支持，一手抓教育引导，关注他们的思想，关注他们的困难，有针对性地进行帮助引导，引导非公有制经济人士特别是年青一代致富思源、富而思进，做到爱国、敬业、创新、守法、诚信、贡献。（资料来源：①习近平：《在民营企业座谈会上的讲话》，人民网，2018年11月2日；②习近平：《毫不动摇坚持我国基本经济制度 推动各种所有制经济健康发展》，人民网，2016年3月4日）

4.“两个毫不动摇”的提出、发展过程

党的十六大提出“毫不动摇地巩固和发展公有制经济”，“毫不动摇地鼓励、支持和引导非公有制经济发展”。

党的十八大进一步提出“毫不动摇鼓励、支持、引导非公有制经济发展，保证各种所有制经济依法平等使用生产要素、公平参与市场竞争、同等受到法律保护”。

党的十八大以来，习近平总书记多次重申坚持基本经济制度，坚持“两个毫不动摇”。党的十八届三中全会提出，公有制经济和非公有制经济都是社会主义市场经济的重要组成部分，都是我国经济社会发展的重要基础；公有制经济财产权不可侵犯，非公有制经济财产权同样不可侵犯；国家保护各种所有制经济产权和合法利益，坚持权利平等、机会平等、规则平等，废除对非公有制经济各种形式的不合理规定，消除各种隐性壁垒，激发非公有制经济活力和创造力。党的十八届四中全会提出要“健全以公平为核心原则的产权保护制度，加强对各种所有制经济组织和自然人财产权的保护，清理有违公平的法律法规条款”。党的十八届五中全会强调要“鼓励民营企业依法进入更多领域，引入非国有资本参与国有企业改革，更好激发非公有制经济活力和创造力”。

党的十九大把“两个毫不动摇”写入新时代坚持和发展中国特色社会主义的基本方略，作为党和国家一项大政方针进一步确定下来。我们要坚持基本经济制度，坚持“两个毫不动摇”，落实好党和国家方针政策，鼓励、支持、引导非公有制经济发展，为实现“两个一百年”奋斗目标和中华民族伟大复兴的中国梦发挥新的更大作用。

考核评价

开放性探究活动

1. 习近平总书记指出：“中小企业能办大事，在我们国内经济发展中，起着不可替代的重要作用。”

（1）请同学们就本地区中小企业发展状况开展市场调查。

①设计调查问卷并开展调查。

②进行问卷分析并在全班分享。

（2）假如你是中小企业的经营者，你将如何把握当前的机遇、迎接当前的挑战？

2. 2020年7月，习近平总书记在主持召开企业家座谈会时指出：“企业家要带领企业战胜当前的困难，走向更辉煌的未来，就要在爱国、创新、诚信、社会责任和国际视野等方面不断提升自己。”

（1）谈一谈新时代我们为什么要弘扬“企业家精神”。

（2）阅读《秦朔访问：照亮世界的中国企业家精神》一书，并做读书分享。

选择题

1. 在我国社会主义初级阶段，就全国而言，公有制的主体地位主要体现在（　　）

①公有资产在社会各地区、各行业资产中占优势

②公有资产在社会总资产中占优势

③国有经济必须在所有行业中占支配地位，起主导作用

④国有经济控制国民经济命脉，对经济发展起主导作用

A．①②　　B．③④　　C．②③　　D．②④

2. 对非公有制经济的现实地位，习近平用“三个没有变”作了明确表述：“非公有制经济在我国经济社会发展中的地位和作用没有变！我们毫不动摇鼓励、支持、引导非公有制经济发展的方针政策没有变！我们致力于为非公有制经济发展营造良好环境和提供更多机会的方针政策没有变！”国家重视非公有制经济的发展，是因为（　　）

①公有制经济与非公有制经济在国民经济中的地位是平等的

②非公有制经济有利于支撑经济增长、促进创新、扩大就业、增加税收

③公有制和非公有制经济都是社会主义市场经济的重要组成部分

④非公有制经济是我国社会主义经济制度的基础

A．①②　　B．①④　　C．②③　　D．③④

3. 所谓竞争中性，是指竞争主体在市场竞争中拥有同样的条件和地位。央行表示，为了解决我国经济的结构性问题，考虑以竞争中性原则对待国有企业。这意味着（　　）

①要放宽市场监管，落实各种所有制经济在国民经济中的平等地位

②各类市场主体在市场准入和使用生产要素等方面享受公平待遇

③要激发民间资本投资活力，为非公有制经济发展提供更大空间

④我国所有制结构将实现由“国进民退”到“国退民进”的调整

A．①②　　B．③④　　C．①④　　D．②③

4. 国务院发布的《关于促进市场公平竞争维护市场正常秩序的若干意见》，制定了市场准入负面清单，明确列出禁止和限制投资经营的行业、领域、业务等，清单以外的，各类市场主体皆可依法平等进入。这有利于（　　）

①激发市场主体的经济活力和创造力

②增强公有制经济的主导作用和控制力

③非公有制经济地位代替公有制经济

④各种所有制经济公平公正参与市场竞争

A．①③　　B．②③　　C．①④　　D．②④

5. 2019年是国企改革纵深发展之年。对于央企混合所有制改革来说，在提出决策时不能由一人或少数人决定，在审计评估时不能让有利益关联的评估机构参与财务审计和让市场发现国资价格，要注重公司化治理和市场化经营。这有利于（　　）

①防止国有资产流失，保障国有资产安全

②激发国有经济的活力，巩固国有经济的主体地位

③提高国有企业管理的科学性，促进国有资产保值增值

④确保各种所有制经济公平参与竞争，发挥市场决定作用

A．①②　　B．①③　　C．②④　　D．③④

6. 推进国有经济战略性调整，支持和引导非公有制经济发展，营造各类所有制经济平等使用生产要素、平等参与市场竞争、同等受到法律保护的体制环境。对此认识正确的是（　　）

A. 非公有制经济将成为国民经济的主体

B. 各类所有制经济在国民经济中的地位平等

C. 国有经济将不再发挥主导作用

D. 各种所有制经济在市场竞争中的地位平等

辨析题

1. 要保证各种所有制经济依法平等使用生产要素。（ ）

2. 要促进非公有制经济发展需提高其地位。（ ）

参考答案

开放性探究活动

1.（1）在设计问卷时，应包括以下部分：进行调查的目的、答题说明、问题和选项、受访者背景资料、致谢。

（2）可从加强技术改造和创新以提高产品和服务质量，形成自己的竞争优势、提高企业管理水平，诚信经营、树立良好的信誉和形象等角度进行思考。

2.（1）当代中国企业家的精神，核心是家国情怀和创新坚守精神。近代以来，中国企业家始终围绕实业报国、振兴中华这个核心不懈奋斗，取得了辉煌的成绩。当代中国企业家正传承着这种精神，带领中国制造向世界一流转变，日益成为全球互联网和新经济的领跑者。

（2）读书分享略。

选择题

1.D　2.C　3.D　4.C　5.B　6.D

辨析题

1.（√）　2.（×）

参考文献

［1］焦莹. 习近平出席中央统战工作会议并发表重要讲话［N/OL］. 央广网，（2015-05-21）［2021-05-25］. http://xj.cnr.cn/2014xjfw/2014xjfwgj/20150521/t20150521_518605729.shtml.

［2］鞠鹏. 习近平吉林调研：国有企业改革怎么搞？［N/OL］. 人民网，（2015-07-20）［2021-05-25］. http://cpc.people.com.cn/xuexi/n/2015/0720/c385474-27330659.html.

［3］霍小光，张旭东. 习近平看望出席全国政协十二届四次会议民建、工商联界委员并参加联组讨论［N/OL］. 新华网，（2016-03-04）［2021-05-25］. http://www.xinhuanet.com/politics/2016lh/2016-03/04/c_1118236318.htm.

［4］兰红光. 习近平在全国国有企业党的建设工作会议上强调 坚持党对国有企业的领导不动摇 开创国有企业党的建设新局面［N/OL］. 共产党员网，（2016-10-11）［2021-05-25］. http://news.12371.cn/2016/10/11/ARTI1476185678365715.shtml.

大学段：共同发展 交相辉映——坚定不移坚持“两个毫不动摇”

教学目标

培养学生正确认识我国仍处于社会主义初级阶段，生产资料所有制结构的基本内容是公有制为主体、多种所有制经济共同发展。同时，我国社会还要经过不断变化和改革，在这一历史进程中，公有制取代私有制是客观的历史的必然趋势。基于此，必须增强学生对我国社会发展趋势的自信。大学思政课关于本专题的教学目标应该包含知识、能力、信念三个层次。

知识目标：总体目标是搞清楚“为什么要坚持公有制为主体”这一理论问题，引导学生掌握马克思主义关于所有制理论的基本内容、发展规律，当前我国生产资料以公有制为主体的必然性，公有制取代私有制是客观的历史的必然趋势等内容。

能力目标：培养学生综合运用生产资料公有制理论认识、分析、解释当前世界与中国各种经济现象的能力，提升学生在中华民族伟大复兴的战略全局、世界百年未有之大变局中把握发展规律、看清发展方向的能力。

信念目标：坚定大学生共产主义理想信念。

重点难点

1. 教学重点

（1）较为全面系统地掌握马克思主义关于所有制的基本内容，在此基础上形成对我国当前生产资料所有制结构的科学认识。

（2）对当前社会存在的关于我国公有制的几种错误言论进行分析和批判，分析这些错误言论的实质及危害，廓清存在于学生头脑中的思想迷雾。

2. 教学难点

本学段的理论性较强、涉及面较广，需要在教学中较好地实现教材话语向教学话语的转变，较好地理论结合实际。如何实现知识性与生动性的统一，是必须克服的难点所在。

学情分析

大学段是教育的高级阶段，是在对事物进行了感性认识，并上升到规律性的理性认识基础上，增强运用规律正确认识事物、分析问题的能力。通过认识事物、分析问题能力的提升，增强大学生对我国当前所有制结构的必然性、优越性及其发展方向的认识，最终达到坚定自信的目的。

设计思路

1. 设计理念

本学段基于探明规律、增强自信的教学目标，在深入分析大学生特点的基础上，从共产主义运动将所有制问题作为基本问题出发，深刻阐释私有制的产生、发展与灭亡都是历史的必然，从而探明所有制发展规律，引导学生正确认识我国当前“以公有制为主体、多种所有制经济共同发展”的所有制结构，进而全面理解“两个毫不动摇”、坚持“两个不可侵犯”。

2. 思维导图

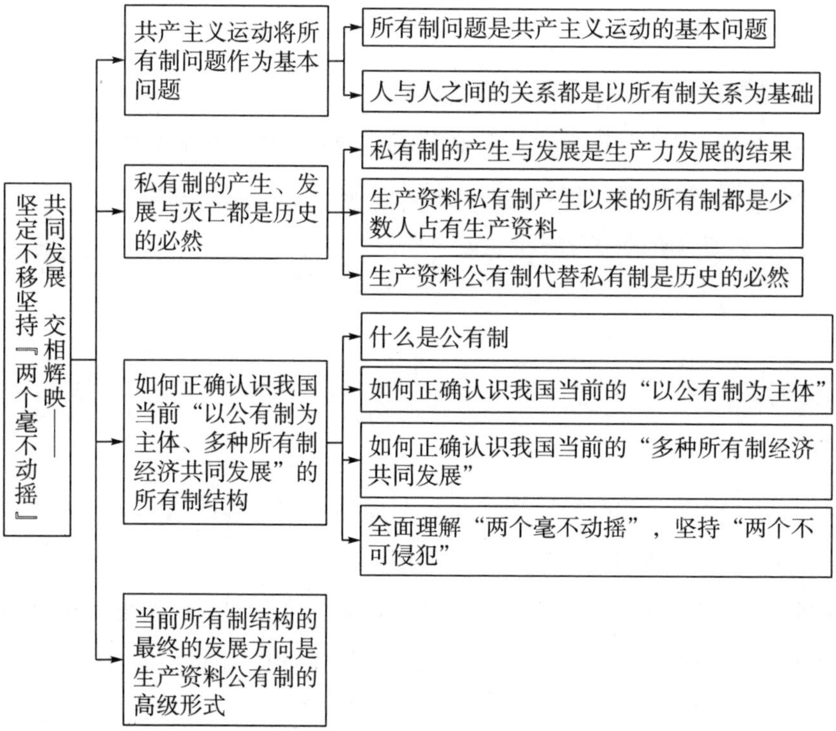

教学方法

理论讲授法。在课堂上对教学内容进行阐述。

案例分析法。通过对充分反映我国所有制结构的经典案例的分析，大学生对所有制结构的具体设计、发挥的效能和优势有具体、生动的体会和认识。

现场教学法。将相关机构的业界精英以特邀嘉宾的身份请进课堂，结合其工作经历和感受，围绕所有制结构的某一方面或主题现场说法，参与课堂教学，提升案例教学的针对性、实效性、吸引力和感染力。

比较分析法。通过对不同国家所有制结构的对比分析，加深大学生对“以公有制为主体、多种所有制经济共同发展”比较优势的认识，让大学生深刻地明白一个国家的所有制结构必须要适应国家性质和基本国情。

“问题导向型”专题研究法。针对当前关于我国所有制存在的错误思想，以及大学生头脑中存在的突出问题，设置相应的专题；组织学生成立专题研究小组开展研究与教师辅导相结合的方式，使教学在直面“现实问题”和“解疑释惑”中坚定制度自信。

经典文献研读法。通过对相关经典文献的研读，加深对所有制的认识和理解。

参观调查法。围绕我国的所有制，选取身边具有典型性的人或事，对其进行参观或调查，以达到加深对制度具体运作及制度优势认识的目的。

以专题研究法为例：

（1）选取当前我国关于所有制方面存在的典型错误思想。如国有经济与市场经济对立的错误思想；国有企业是论断企业的错误思想；国有企业与民争利的错误思想；“民营经济离场论”，民营经济已经完成使命，要退出历史舞台的错误思想；“新公私合营论”，把现在的混合所有制改革曲解为新一轮“公私合营”的错误思想；加强企业党建和工会工作是要对民营企业进行控制的错误思想。

根据不同问题设计不同研究专题

（2）组建研究队伍，将学生按照自愿和分配相结合原则进行组队，就不同专题开展研究。

（3）研究结果研讨。在进行研究后，撰写出研究报告，在老师对研究报告把关后由本个组在课堂上汇报自己的研究结果。

教学内容

教学内容一：共产主义运动将所有制问题作为基本问题

教学内容二：私有制的产生、发展与灭亡都是历史的必然

教学内容三：如何正确认识我国当前“以公有制为主体、多种所有制经济共同发展”的所有制结构

1. 什么是公有制
2. 如何正确认识我国当前的“以公有制为主体”
3. 如何正确认识我国当前的“多种所有经济共同发展”
4. 全面理解“两个毫不动摇”，坚持“两个不可侵犯”

教学内容四：当前所有制结构的最终发展方向是生产资料公有制的高级形式

实施方案

生产资料所有制理论是马克思主义理论的重要组成部分，是社会生产关系的基础。理解马克思主义所有制理论是理解我国当前“公有制为主体、多种所有制经济共同发展”的所有制结构的起点。

教学内容一：共产主义运动将所有制问题作为基本问题

人类历史首先要有人的存在，即“全部人类历史的第一个前提无疑是有生命的个人的存在”[①]，而人要生存和发展，首先就要有吃喝住行，即具备基本的物质条件，所以人类第一个历史活动就是进行物质资料生产。在物质资料生产过程中会产生两种关系，即人与自然的关系和人与人的关系。人与自然的关系形成生产力，人与人的关系形成生产关系。而在人们的社会关系中，生产关系是最基本关系。产生关系即谁占有生产资料，继而通过占有生产资料同其他人产生联系。人与人之间的所有关系——政治关系、经济关系、文化关系、社会关系——都是以所有制关系为基础的。有人占有生产资料、有人失去生产资料就是私有制，就必然会形成剥削；劳动者共同占有生产资料就是公有制，就为消灭剥削奠定基础。而共产主义就是要消灭私有制、消灭剥削，所以共产主义运动“强调所有制问题是运动的基本问题”[②]。

私有制的范畴广泛，马克思主义指出：在“私有财产的国家制度”里，“私有财产是一个普遍的范畴”[③]，区分了所有制的不同范畴，即生活资料私有，如“工艺品”“金属器具”“奢侈品”“乳制品”“肉类”“兽皮”“羊毛”“纺织品”[④]等；生产资料私有，如“完全的、自由的土地所有权”[⑤]；生产的私有，如在古代社会女性不能从事某些职业的生产劳动；社会各方面的私有，如“具有各自的细微差异的商业和工业，是各种特殊的同业公会的私有财产。宫廷官职和审判权等等，是各个特殊等级的私有财产。各个省是各个王侯等等的私有财产。为国效劳等是统治者的私有财产。圣灵是僧侣的私有财产。我履行自己义务的活动是别人的私有财产，同样，我的权利则是特殊的私有财产。主权，这里指民族，是皇帝的私有财产”[⑥]。其中生产资料私有是其他范畴的基础，所以如无特别注

① 马克思，恩格斯. 马克思恩格斯选集：第一卷［M］. 北京：人民出版社，2012：146.
② 马克思，恩格斯. 马克思恩格斯选集：第一卷［M］. 北京：人民出版社，2012：435.
③ 马克思，恩格斯. 马克思恩格斯全集：第三卷［M］. 北京：人民出版社，2012：135.
④ 马克思，恩格斯. 马克思恩格斯选集：第四卷［M］. 北京：人民出版社，2012：63，176.
⑤ 马克思，恩格斯. 马克思恩格斯选集：第四卷［M］. 北京：人民出版社，2012：63，183.
⑥ 马克思，恩格斯. 马克思恩格斯全集：第三卷［M］. 北京：人民出版社，2012：135.

明，本章所讲私有制指生产资料私有制。

教学内容二：私有制的产生、发展与灭亡都是历史的必然

生产力决定生产关系，所以生产关系范畴的私有制的产生与发展都是随着生产力的发展而形成的历史必然。

人类从蒙昧时代以果实、坚果、根作为食物，到石器时代使用粗制的、未加磨制的石器、火获取和烹饪食物；而后随着最初的武器棍棒和标枪，再到弓箭等的发明而可以获得猎物；之后人们学会驯养动物、种植植物，冶炼技术让人们学会使用犁等工具大规模耕种农作物。随着生产力的提高，社会出现了剩余产品，这就涉及谁占有这些剩余产品，而谁占有生产资料就可以占有剩余产品。在这一过程中，形成了原始的家庭形式的占有形式，以扩大的家庭作为基本组织的社会形成部落所有制，进而逐次形成古代的公社所有制和国家所有制、封建的或等级的所有制，进而产生了资本主义私有制。一方面，所有制是随着生产力的发展而不断发展与演进的。随着生产力的发展，人们对原有的人与人之间的交往形式有了新要求，旧的所有制不能适应这种新要求，反而对生产力产生束缚和阻碍作用，因而生产力必然突破旧有的所有制而产生新的所有制；另一方面，每一种新所有制的出现都极大地促进了生产力的发展。现代资产阶级因为适应了生产力的发展要求，极大地促进了生产力的发展，资产阶级“在它不到一百年的阶级统治中所创造的生产力，比过去一切世代创造的全部生产力还要多、还要大”①。

但是，生产资料私有制产生以来的所有制都是少数人占有生产资料，也就必然是少数人压迫多数人、少数人剥削多数人的所有制。以资本主义私有制为基础的资本主义生产关系虽然在三百多年时间中创造了无与伦比

① 马克思，恩格斯. 马克思恩格斯选集：第一卷［M］. 北京：人民出版社，2012：405.

的物质财富，但同时造成了巨大的贫富差距，“目前全球最富有8人坐拥的资产，相当于占世界人口一半的、约36亿最贫困人口的财富总额。”[①]资本主义私有制本身的根本矛盾——生产资料私人占有与社会化大生产之间的矛盾越来越显化。当今社会的生产是全球性质的、全社会性质的，没有一个国家和地区能够单独拥有整个产业链，任何一个行业的生产都必须与其他行业紧密结合，这就要求必须从整个产业链和全社会角度调节生产。但生产资料私人占有的现实却决定了占有生产资料的人只会从本行业、本企业、本人的角度调节生产，造成资本主义周期性的经济危机。而且资本主义创造的生产力越大，经济危机的破坏力越强。到目前整个世界经济还没有走出2007年次贷危机的阴影，在新型冠状病毒肺炎疫情突如其来的双重影响下，世界经济更是雪上加霜，2020年只有中国经济是正增长，为2.3%[②]。而更为严重的是，多国的报告显示，经济危机的最大受害者是穷人，导致富者越富、贫者越贫。加拿大《金融邮报》2013年4月23日援引彭博社报道：“美国较富裕家庭的净资产在经济危机之后增长了21.2%，其他家庭的资产则缩水4.9%。”[③]

要根本解决这一问题，必须解决资本主义生产关系的根本矛盾：生产资料私人占有与社会化大生产之间的矛盾。可以看出，要解决这个问题只有一条路可走，那就是改变生产资料私有制，实施生产资料公有制。所以生产资料公有制代替私有制是历史的必然，是生产力发展的必然结果，是不以人的意志为转移的。

---

① 刘曦. 全球最富8人富可敌半球 财富抵36亿贫人总和［N/OL］. 新华网，（2017-01-17）［2021-02-26］. http://www.xinhuanet.com//world/2017-01/17/c_129449154.htm.

② 国家统计局. 国家统计局局长就2020年全年国民经济运行情况答记者问［EB/OL］.（2021-01-18）［2021-02-26］. http://www.stats.gov.cn/tjsj/sjjd/202101/t20210118_1812480.html.

③ 郭彩萍. 皮尤研究中心：经济危机后美国贫富分化加剧［N/OL］. 人民网，（2013-04-26）［2021-02-26］. http://finance.people.com.cn/n/2013/0426/c70846-21297775.html.

教学内容三：如何正确认识我国当前“以公有制为主体、多种所有制经济共同发展”的所有制结构

当前“以公有制为主体、多种所有制经济共同发展”的所有制结构是我国社会主义初级阶段生产资料的所有制结构。因为我国是社会主义国家，所以必须“以公有制为主体”，同时我国处于社会主义初级阶段，所以必须坚持“多种所有制经济共同发展”。

1. 什么是公有制？

由于“现代的资产阶级私有制是建立在阶级对立上面、建立在一些人对另一些人的剥削上面的产品生产和占有的最后而又完备的表现”[①]，所以共产主义就要通过消灭资产阶级的所有制，“同传统的所有制关系实行最彻底的决裂”，而建立新的社会制度。新的社会制度就是“共同使用全部生产工具和按照共同的协议来分配全部产品”，直观来说，生产资料公有制就是“生产资料归全体劳动人民所有或部分劳动人民所有”[②]。

2. 如何正确认识我国当前的“以公有制为主体”

我国之所以要坚持生产资料公有制的主体地位，主要有三个方面的原因。

第一，这是我国的社会主义性质决定的。我国宪法规定：“中华人民共和国是工人阶级领导的、以工农联盟为基础的人民民主专政的社会主义国家。”[③]与以往社会制度完全不同的是，作为共产主义初级形式的社会主义，不是少数人剥削多数人的社会，而是人民当家作主的社会，是以人民为中心的社会。

古今中外的历史无不证明着，私有制必然会出现剥削与兼并。例如，

① 马克思，恩格斯. 马克思恩格斯选集：第一卷［M］. 北京：人民出版社，2012：414.
② 周新城.关于中国特色社会主义的若干理论问题［M］. 北京：经济日报出版社，2015：265.
③ 中华人民共和国宪法［M］. 北京：人民出版社，2018：7–8.

在我国历史上，封建王朝的更替无不伴随着土地的兼并。即便是在中华人民共和国成立初期，土地改革实现了“耕者有其田”，但在这种小农家庭的土地所有制下，很快就发生了土地买卖现象，这一问题在当时得到中央的高度重视，随即我们进行了农业的社会主义改造，建立了公有制的土地制度，从根本上杜绝了土地兼并。

坚持社会主义就必须坚持公有制的主体地位，因为“社会主义有两个非常重要的方面，一是以公有制为主，二是不搞两级分化”[①]。这两方面是相辅相成、互为一体的，偏废任何一个方面，另一个方面也会失败。正如习近平总书记指出的：“公有制主体地位不能动摇，国有经济主导作用不能动摇，这是保证我国各族人民共享发展成果的制度性保证，也是巩固党的执政地位、坚持我国社会主义制度的重要保证。”[②]

第二，这是解放和发展生产力的要求决定的。新中国成立70多年的发展成就已经充分证明，社会主义改造完成后所确立的以社会主义公有制为基础的一整套社会制度极大地解放和发展了我国的生产力。

根据世界银行的数据，1960年世界GDP总量为13690亿美元，中国为697.16亿美元，中国占世界比重为5.09%；到2019年，世界GDP为877990亿美元，中国为143430亿美元[③]，中国占世界比重为16.33%。2010年我国成为世界第二大经济体，这都充分证明了社会主义公有制在提升生产力、促进经济增长上的巨大优势。

我国经济能够快速发展的重要原因之一就是生产资料公有制，国有经济在经济发展中起到了重要作用。“中央企业积极投身‘一带一路’建设，截至2018年8月，中央企业在‘一带一路’建设中承担3116个项目；已开工和计划开工的基础设施项目中，中央企业承担的项目数占比达50%左

① 邓小平. 邓小平文选：第三卷［M］. 北京：人民出版社，1993：138.

② 中共中央文献研究室. 习近平关于社会主义经济建设论述摘编［M］. 北京：中央文献出版社，2017：63-64.

③ 以上两个年度数据来源世界银行官网：https：//data.worldbank.org.cn/indicator/NY.GDP.MKTP.CD？view=chart。

右，合同额占比超过70%。”[①]在国有经济的主导下，我国当前“拥有39个工业大类、191个中类、525个小类，成为唯一拥有联合国产业分类中全部工业门类的国家”[②]。

当前，中华民族伟大复兴到了关键时刻，世界处于百年未有之大变局中，内外形势更加多变与复杂。党的十九届五中全会《国民经济和社会发展第十四个五年规划和2035年远景目标纲要》，使我们的发展目标更加坚定和清晰，生产资料公有制正是在复杂多变的局势下，实现我国各项目标、实现中华民族伟大复兴的根本保证。

第三，这是“以人民为中心”的根本立场决定的。生产资料公有制在促进生产力发展的同时，也从根本上回答了“发展为了谁”这一问题，那就是以人民为中心。只有在生产资料公有制为主体的社会中，才会实现以按劳分配为主，才能从根本上克服两极分化的问题。同时，只有在生产资料公有制社会中生产出的社会产品和积累的社会财富才能归全体人民所有、为人民所用。

中国疫情防控、总体战、阻击战取得重大战略成果，充分展现了这一点。首先，我国强大的经济实力是我们抗击疫情的坚实的物质基础，而正如前文所述，公有制是我们取得坚实的经济实力的根本原因。同时，公有制保证了我们已取得的经济实力能够及时的为人民所用。在抗击疫情中，公立医院发挥了救治的主要作用，公立医院是政府举办的纳入财政预算管理的医院，是我国医疗服务体系的主体，主要特点是公益性，是解决基本医疗、满足人民群众看病就医需求的主体，当国家和人民有需要的时候，公立医院就能够充分发挥其公益性。疫情防控初期，国务院国资委医疗物资专项工作组四项职能中，“加强生产服务和产业协同，聚焦重点企

① 白暴力，方凤玲. 公有制经济是改革发展的中坚力量［N/OL］. 人民网，2019-02-19［2021-05-25］. http://finance.people.com.cn/n1/2019/0219/c1004-30804400.html.

② 白暴力，方凤玲. 公有制经济是改革发展的中坚力量［N/OL］. 人民网，2019-02-19［2021-05-25］. http://finance.people.com.cn/n1/2019/0219/c1004-30804400.html.

业的转产达产”排在首位，在极短的时间之内，机械、工程等各行业国有企业转产口罩、防护服等抗疫物资，并如期足额超额完成生产目标，不计成本。而这在资本主义私有制情况下，在资本至上的情况下，是很难实现的。

当前，我国要“探索公有制多种实现形式，推进国有经济布局优化和结构调整，发展混合所有制经济，增强国有经济竞争力、创新力、控制力、影响力、抗风险能力，做强做优做大国有资本。深化国有企业改革，完善中国特色现代企业制度。形成以管资本为主的国有资产监管体制，有效发挥国有资本投资、运营公司功能作用”[①]。“十四五”期间，将“按照完善治理、强化激励、突出主业、提高效率的要求，深化国有企业混合所有制改革，深度转换经营机制，对混合所有制企业探索实行有别于国有独资、全资公司的治理机制和监管制度”[②]。

3. 如何正确认识我国当前的“多种所有制经济共同发展”

这是我国当前社会主义初级阶段的基本国情决定的。我国当前发展阶段决定了，当前的生产力状况决定了，目前还无法实行纯粹的公有制，必须实行多种所有制经济共同发展，“非公有制经济是我国社会主义市场经济的重要组成部分”[③]，所以我们要“毫不动摇巩固和发展公有制经济，毫不动摇鼓励、支持、引导非公有制经济发展”[④]。

改革开放以来，我国非公有制经济得到迅速发展，为国民经济和人民生活水平的提高做出了重大贡献。“截至2017年底，我国民营企业数量超

---

① 中共中央关于坚持和完善中国特色社会主义制度 推进国家治理体系和治理能力现代化若干重大问题的决定［N］. 人民日报，2019-11-06（5）.

② 中华人民共和国国民经济和社会发展第十四个五年规划和2035年远景目标纲要［N］. 人民日报，2021-03-13（8）.

③ 江泽民.高举邓小平理论伟大旗帜，把建设有中国特色社会主义事业全面推向二十一世纪——在中国共产党第十五次全国代表大会上的报告［M］. 北京：人民出版社，1997：24.

④ 习近平.决胜全面建成小康社会 夺取新时代中国特色社会主义伟大胜利——在中国共产党第十九次全国代表大会上的报告［M］. 北京：人民出版社，2017：21.

过2700万家，个体工商户超过6500万户，注册资本超过165万亿元。概括起来说，民营经济具有‘五六七八九’的特征，即贡献了50%以上的税收，60%以上的国内生产总值，70%以上的技术创新成果，80%以上的城镇劳动就业，90%以上的企业数量。在世界500强企业中，我国民营企业由2010年的1家增加到2018年的28家。我国民营经济已经成为推动我国发展不可或缺的力量，成为创业就业的主要领域、技术创新的重要主体、国家税收的重要来源，为我国社会主义市场经济发展、政府职能转变、农村富余劳动力转移、国际市场开拓等发挥了重要作用。长期以来，广大民营企业家以敢为人先的创新意识、锲而不舍的奋斗精神，组织带领千百万劳动者奋发努力、艰苦创业、不断创新。我国经济发展能够创造中国奇迹，民营经济功不可没！”①

所以当前，我国对非公有制经济坚持三个没有变：“非公有制经济在我国经济社会发展中的地位和作用没有变！我们毫不动摇鼓励、支持、引导非公有制经济发展的方针政策没有变！我们致力于为非公有制经济发展营造良好环境和提供更多机会的方针政策没有变！”②当然，我国基本经济制度写入了宪法、党章，这是不会变的，也是不能变的。同时，我们将“健全支持民营经济、外商投资企业发展的法治环境，完善构建亲“亲”“清”政商关系的政策体系，健全支持中小企业发展制度，促进非公有制经济健康发展和非公有制经济人士健康成长。营造各种所有制主体依法平等使用资源要素、公开公平公正参与竞争、同等受到法律保护的市场环境。深化农村集体产权制度改革，发展农村集体经济，完善农村基本经营制度”③。“十四五”期间，会进一步“健全以公平为原则的产权保护

---

① 习近平.在民营企业座谈会上的讲话［M］.北京：人民出版社，2018：4-5.

② 习近平.在民营企业座谈会上的讲话［M］.北京：人民出版社，2018：6.

③ 中共中央关于坚持和完善中国特色社会主义制度 推进国家治理体系和治理能力现代化若干重大问题的决定［N］.人民日报，2019-11-6（5）.

制度，依法平等保护国有、民营、外资等各种所有制企业产权”[①]。

当前社会上存在着对公有制为主体的错误认识，主张私有化的错误思想，也存在着否定私有制经济共同发展的错误思想，这些错误认识容易在大学生中引起思想上的混乱和困惑。该课题重点难点在于如何引导学生科学认识消灭私有制的历史必然性和消灭私有制过程的渐进性这两个相互联系但又有重要区别的问题。

4. 全面理解“两个毫不动摇”，坚持“两个不可侵犯”

党的十六大提出的“两个毫不动摇”极大地激发了我国各类市场主体，极大地促进了我国经济的快速发展。十八大以来，习近平总书记多次重申这一点，我们应该全面地理解“两个毫不动摇”。

第一，公有制和非公有制都是社会主义基本经济制度的重要组成部分，公有制经济和非公有制经济都是社会主义市场经济的重要组成部分，二者相辅相成，不可偏废任意一方。如前文所述，公有制经济控制国民经济命脉，增强综合国力，体现社会主义本质及优越性；非公有制经济充分调动各方面生产积极性，增加就业，极大促进生产力的提升及经济的发展。所以二者要各自发挥优势，互相促进，协同发展。

第二，二者不是简单的并列关系，而是有矛盾的主要方面和次要方面之分。在矛盾论中，矛盾的性质取决于矛盾的主要方面。毫无疑问，在我国所有制结构中，生产资料公有制是主体，是矛盾的主要方面；非公有制共同发展是我国基本经济制度的重要组成部分，但是处于从属地位，由主要方面决定。所以第一个“毫不动摇”是第二个“毫不动摇”的前提与基础。中国的非公有制企业，已经开始脱离资本主义私有制下资本至上的发展逻辑。在政治上，中国的私营企业拥护中国共产党的领导、拥护中国特色社会主义、拥护党和国家的政策；在经济上，私营企业的经营管理要符

① 中华人民共和国国民经济和社会发展第十四个五年规划和2035年远景目标纲要［N］. 人民日报，2021-3-13（8）.

合社会主义方向、符合人民根本利益。同时，第二个“毫不动摇”是第一个“毫不动摇”更好发展的必要条件。我国70多年发展历程已经清楚地表明，社会主义初级阶段的当前还不能实施纯粹的公有制，所以必须牢牢坚持第二个“毫不动摇”，否则将会影响我国社会主义市场经济的发展，影响经济发展，影响人民生活。

教学内容四：当前所有制结构的最终发展方向是生产资料公有制的高级形式

党章明确规定：“党的最高理想和最终目标是实现共产主义。”[①]实现共产主义的过程，就是极大促进生产力发展，瓦解剥削关系存在的社会基础，进而实现阶级和国家的消亡的过程，正如毛泽东所说：“我们和资产阶级政党相反。他们怕说阶级的消灭，国家权力的消灭和党的消灭。我们则公开声明，恰是为着促使这些东西的消灭而创设条件，而努力奋斗。”[②]所以当我们的生产力高度发达，社会主义发展到共产主义的高级阶段时，一定会是生产资料公有制的高级形式。

考核评价

大学思政课的考核，不在于知识点的掌握，而在于把握我国所有制的制度优势、制度优势与制度成效之间的必然联系及制度发展的必然方向。所以考核方式应多样化，以开放式的主观题为主，与平时专题研究作业相结合，重点考查学生的思想认识、思维方式。就考核评价结果的形式，大学思政课更适合三级制或者五级制考查。

---

① 中国共产党章程［M］. 北京：人民出版社，2017：1.
② 毛泽东. 毛泽东选集：第四卷［M］. 北京：人民出版社，1991：1468.

参考文献

[1] 马克思，恩格斯. 德意志形态 [M]. 北京：人民出版社，2018.

[2] 马克思，恩格斯. 共产党宣言 [M]. 北京：人民出版社，2018.

[3] 习近平. 毫不动摇坚持我国基本经济制度，推动各种所有制经济健康发展 [M] /习近平. 习近平谈治国理政：第二卷. 北京：外文出版社，2017.

[4] 习近平. 坚持党的领导、加强党的建设是国有企业的独特优势 [M] //习近平. 习近平谈治国理政：第二卷. 北京：外文出版社，2017.

[5] 习近平. 在民营企业座谈会上的讲话 [N/OL]. 新华网，（2018-11-01）[2021-05-24]. http://www.xinhuanet.com/politics/leaders/2018-11/01/c_1123649488.htm.

[6] 科学理解马克思主义所有制理论——访中国人民大学周新城教授 [J]. 马克思主义研究，2018（4）.

专题二

Topic 2

走向共同富裕——我国的分配制度

| 一体化设计目标及思路 |

我国当前生产资料所有制决定了“按劳分配为主体、多种分配方式并存”的分配制度，习近平总书记指出：“实践证明，这一制度安排有利于调动各方面积极性，有利于实现效率和公平有机统一。”[①]我国当前的分配制度，是既促进我国经济高质量发展，又能实现共同富裕的制度保障。本专题从思政课大中小学一体化角度，教育学生从劳动创造财富、各种要素获得报酬的基本意识的启蒙，到分配制度内涵基本知识的认知，再到分配制度的发展规律，以及对经济发展和个人收入的影响规律的科学认识，最后上升到对我国当前分配制度的思想认同，从内化于心达至外化于行。

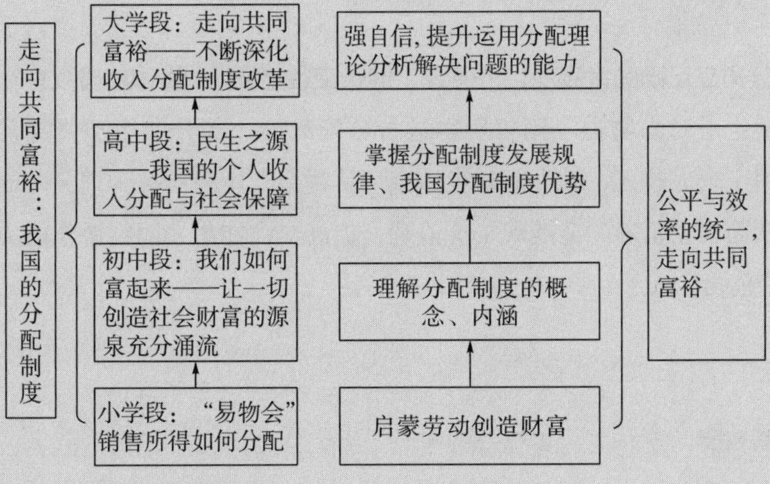

① 中共中央文献研究室. 习近平关于社会主义社会建设论述摘编［M］. 北京：中央文献出版社，2017：37.

小学段：“易物会”销售所得如何分配

活动目的

1. 树立劳动创造财富、多劳多得的意识

学生通过小组分工、合作的方式参加“易物会”活动，在“易物会”销售所得如何分配的真实体验中树立劳动创造财富、多劳多得的意识，了解生产要素参与分配的合理性。

2. 树立正确的金钱观、价值观，增长交往能力、团结协作能力

学生对“易物会”销售所得进行分配时，一部分钱用于公益，一部分钱用于个人收入，学生能初步体会“易物会”销售所得合理分配的重要性，从而树立正确的金钱观、价值观，提高交往能力、团结协作能力等社会适应能力。

学情分析

本学段学生身心特点：小学阶段学生的感知觉有了充分发展，其准确性和系统性在教师指导的观察活动中不断提高；小学阶段的学生注意的范

围较窄，一般只能注意到自己感兴趣的对象，需要教师通过专门的训练给予有效指导；小学阶段学生的思维以形象思维为主，比较依赖于事物的个别特征和表面现象来判断。

本学段将组织学生举办“易物会”活动，以活动课的形式引导学生初步体会和感知分配原则，让学生在活动中了解、学习知识，使学生明白按劳分配的基本原则是多劳多得、少劳少得。

设计思路

1. 设计理念

组织学生举办“易物会”活动，进行合理分工，不同学生付出不同劳动、从事不同工作，获“易物会”销售所得后，学生讨论分配原则，进行公平的个人收入分配。按照“分工明确的‘易物会’—易物所得如何分—公平分配人人乐”的活动流程，进行教学。

2. 思维导图

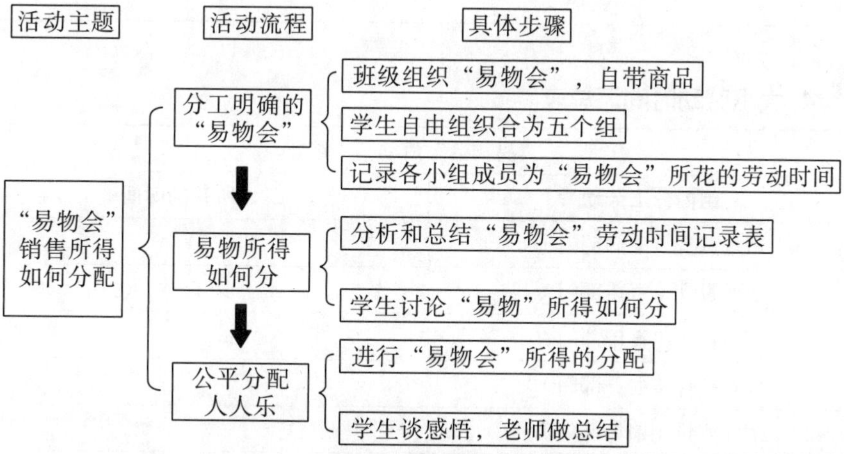

活动准备

1. 商品调查表

学生姓名	我的商品名称	商品成本	预估售价

2. 大组组内分工表

“易物会”活动　　组	
组内分工部门	学生姓名
总负责人	
采购部门	
销售部门	
财务部门	
宣传部门	

3. 个人劳动付出登记表

“易物会”活动　　组		
学生姓名	负责内容	付出的时间

4. 大组劳动时间汇总表

“易物会”活动　　组	
组内分工劳动	工作所花的时间
市场调查（采购部门）	
店面设计（宣传部门）	
广告宣传（宣传部门）	
成本核算（财务部门）	
值守安排（销售部门）	

5. 大组销售所得统计表

“易物会”活动　　组销售所得统计表	
“易物会”销售总额	
采购成本	
消耗、人工费	
纯利润	

6. 大组销售所得个人分配表

<table>
<tr><th colspan="5">“易物会”活动　　组销售所得个人分配表</th></tr>
<tr><th>项目</th><th>负责人</th><th>支出</th><th>收入</th><th>“易物会”销售所得的分配</th></tr>
<tr><td>采购</td><td></td><td></td><td rowspan="3"></td><td></td></tr>
<tr><td>销售</td><td></td><td></td><td></td></tr>
<tr><td>慈善</td><td></td><td></td><td></td></tr>
</table>

活动实施

活动一：分工明确的“易物会”

活动目标

学生通过劳动过程的时间记录，明白劳动有分工的不同，有工作时间的不同。

活动步骤

（1）班级组织“易物会”，学生带来自己的文具、旅游纪念品、手工制品等作为商品准备售卖，每位学生准备一定的货币用于购买其他同学的商品，完成“商品调查表”的填写。

（2）班级学生自由进行“易物会”商品售卖大组组合，每个大组内部分工为总负责人、采购部门、销售部门、财务部门、宣传部门等，主要承担市场调查、店面设计、广告宣传、成本核算、值守安排等劳动，完成“大组组内分工表”的填写。

（3）各组成员投入到“易物会”活动中，并如实记录在“易物会”活动中所花的劳动时间，完成“个人劳动付出登记表”“大组劳动时间汇总表”的填写。

活动二：易物所得如何分

活动目标

学生通过活动感知和认同分配原则：按劳分配，多劳多得，按生产要素参与分配。

活动步骤

（1）分析和总结“个人劳动付出登记表”“大组劳动时间汇总表”，例如：

“易物会”活动1组	
组内分工劳动	**工作所花的时间**
市场调查（采购部门）	调查所花：1小时
店面设计（宣传部门）	布置店面：1.5小时
广告宣传（宣传部门）	设计广告语、宣传：40分钟
成本核算（财务部门）	核算成本：20分钟
值守安排（销售部门）	值守：4小时

（2）讨论“易物”所得如何分。

①谁出的力多，谁是否应当多分一点？

②谁赞助了设备，谁是否应当多分一点？

③谁提供了好的思路，谁是否应该多分一点？

④根据“个人劳动付出登记表”“大组劳动时间汇总表”的统计结果，谁应该分得多一点？

活动三：公平分配人人乐

活动目标

学生感受到合理的分配能够激发劳动者的积极性。

活动步骤

（1）按照学生讨论结果进行“易物会”所得的分配。

<table>
<tr><th colspan="5">某大组“易物会”活动单</th></tr>
<tr><th>项目</th><th>负责人</th><th>支出</th><th>收入</th><th>“易物会”销售所得的分配</th></tr>
<tr><td>采购</td><td>小A、小B</td><td>采购成本：某物品3元一个，共购买50个，花费3×50=150（元）
交通费：10元</td><td rowspan="3">销售情况：定价10元一个，共售出40个
销售所得：10×40=400（元）</td><td>所花时间：2小时
人工费：每小时5元
总计：2×2×5=20（元）</td></tr>
<tr><td>销售</td><td>小C、小D、小E、小F</td><td>销售成本：购买扩音机花费30元</td><td>所花时间：4小时
人工费：每小时10元
4×4×10=160（元）</td></tr>
<tr><td>公益</td><td>小G、小H</td><td>20元</td><td>所花时间：1小时
人工费：每小时5元
总计：1×2×5=10（元）</td></tr>
</table>

（2）学生谈感悟，老师做总结。没有付出就没有收获，只有勤劳的人、愿意付出智慧和劳动的人才能获得更多的财富。

活动效果

1. 学生初步感受个人收入分配原则，明白劳动创造财富，多劳多得，生产要素参与分配

通过“易物会”活动，学生体会到劳动能够创造财富，对财富有了一个正确的认识，明白“君子爱财，取之有道”的道理。“易物会”活动对于学生的金钱观树立了一个良好标杆。通过“易物会”活动，学生感悟、体会、意识到了多劳多得、少劳少得的道理，明白没有付出便没有收获，只有勤劳的人、愿意付出劳动和智慧的人才能够得到更多的财富。

2. 在“易物会”活动中，小组成员的分工合作具有时效性

通过“易物会”活动，学生初步感知了多劳多得、少劳少得的含义。学生“易物会”销售所得，抛开成本所得的利润，一部分钱用于公益。学生通过对“易物会”和公益的切身实践和体验，培养了自己节俭、爱心、奉献和创新意识，让学生从劳动中体会到创造价值的乐趣以及创业的艰辛。剩下的“易物会”销售所得的利润在小组内进行公平分配，充分体现了按劳分配中多劳多得、少劳少得的基本原则，让学生初步体会了解了分配制度，为学生初高中学习政治经济奠定良好的基础，让学生日后能够将理论和实践结合起来看待问题，充分地体会到按劳分配的重要性和必要性。

3. 帮助学生树立正确的金钱观、价值观

现代教育的发展要求：“教师不仅仅是人类文化的传递者，也应当是学生心理的塑造者，是学生心理健康的维护者。”对小学生的思想政治教

育而言，最重要的是对小学生的世界观、人生观和价值观的培养，让学生从小对“三观”有个正确的认识。通过“易物会”活动，学生体会了创造价值的乐趣和创业的艰辛，培养了学生节俭、爱心、奉献和创新意识，锻炼了学生的交往能力、团队协作能力、社会适应能力。

考核评价

评价项目	具体内容	评价等级			
		A	B	C	D
情感态度	1. 积极参与“易物会”活动				
	2. 主动提出设想建议				
	3. 不怕困难和辛苦				
合作交流	1. 主动和同学配合				
	2. 乐于帮助同学				
	3. 认真倾听同学的观点和意见				
	4. 对班级和小组的“易物会”活动做出贡献				
实践活动	1. 积极动脑、动口、动手参与				
	2. 会与别人交流沟通商品				
	3. 设计活动有新意				
	4. 有关注学校卫生环境的意识				
成果展示	1. 过程性资料的保存				
	2. 商品的新意和受欢迎程度				
	3. “易物会”销售所得的多少				
同学对我参加“易物会”的表现评价					
父母对我参加“易物会”的表现评价					
教师对我参加“易物会”的表现评价					
我对自己参加“易物会”的表现评价					

初中段：我们如何富起来
——让一切创造社会财富的源泉充分涌流

教学目标

1. 知识目标

通过本课的学习，学生能在一定程度上了解我国当前的分配制度的基本内容，理解按劳动分配的意义和作用，理解按生产要素分配的意义和作用。联系生活中的实际，初步认识我国目前存在的各种分配方式。

2. 能力目标

结合社会主义市场经济，分析实行按劳分配和按生产要素分配相结合的必然性和意义。通过探究性活动，提高学生理论联系实际的能力。

3. 情感、态度和价值观目标

通过本课学习，学生可以感受我国现阶段的收入分配制度有利于充分调动各方面的积极性和创造性，树立劳动光荣、劳动创造价值的观念，引导学生树立以人民为中心的发展思想。

重点难点

1. 教学重点

我国的分配制度，按劳分配和按生产要素分配的含义。

2. 教学难点

我国实行按劳分配为主体、多种分配方式并存的分配制度的原因及意义。

学情分析

本学段学生的身心特点：从文化基础看，学生已经具备相关的理论知识储备、逻辑思维，文化认同、体制认同会更加深入；从教学实践的能力看，学生理论联系实际的能力、情景的分析能力、实践创新能力会进一步提高。

本学段从具体情景入手，感悟我国分配方式的现状，通过参与我国分配制度改革示范区域的成功模式探讨，充分理解并认同我国目前实行以按劳分配为主体、多种分配方式并存的历史必然性和时代意义，正确认识劳动创造价值、坚持效率与公平并重的分配理念，坚持以人民为中心的分配思想，合法诚实劳动，让一切创造财富的源泉充分涌流。

设计思路

1. 设计理念

本课教学设计坚持以议题为主线、以情景为基础、以活动为载体、以素养为目的。由生活材料导入，让学生通过对我国经济发展状况和分配状况的数据分析，创设实例情景，让学生参与情景、体验情景、探究情景、思考情景，在情景中理解我国分配制度的基本内容。

2. 思维导图

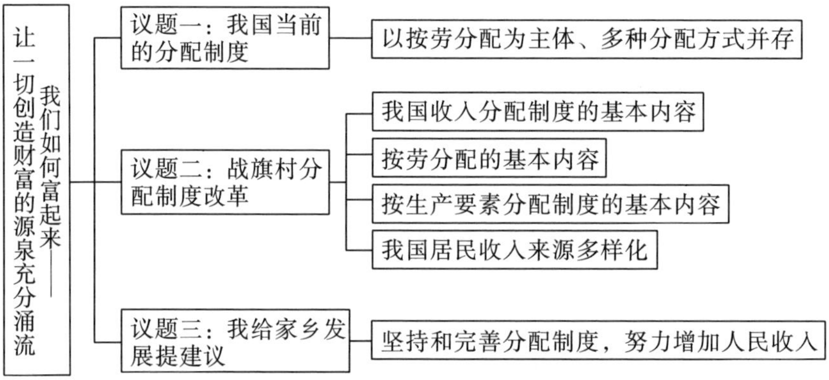

教学方法

情景探究法、案例分析法、合作探究法、议题活动法。

教学内容

教学内容：我国的分配制度

1. 按劳分配

2. 按生产要素分配

实施方案

议题一　我国当前的分配制度

议题情景1

2021年2月25日，国家乡村振兴局正式挂牌。这既是我国脱贫攻坚战取得全面胜利的标志，也是全面实施乡村振兴战略，奔向新生活、新奋斗的起点。成都战旗村，一个川西平原的小村庄，2008年被评为全国乡村振兴示范村，成为新时代我国乡村振兴的样本。

（视频：《行走乡村看振兴——成都战旗村：何以成为新时代乡村振兴样本？》）

（图片来源：新华网）

战旗村是我国新一轮农村宅基地制度改革试点地区。在保护耕地、保护农民利益，确保土地集体所有制性质不变的基础上，战旗村探索农村集体经济组织及其成员通过自营、出租、入股、合作等多种方式，盘活利用农民闲置宅基地和闲置住宅发展乡村产业的有效途径。村民张某说：“村上根据我们土地入股的亩数，我们家有4个人，每年能够分到5000块钱左右，年底还有集体经济分红2000块钱左右。”利用土地入市赚取的“第一桶金”，通过村集体资产管理公司自己搞开发，推动实现农村资产资本化、农村资源市场化、农民增收多元化。

战旗村资金问题解决了，建设逐渐提速。眼看老厂房被推平，各种的乡村商业综合体项目拔地而起，战旗村的村支书和村长心里却百感交集。“有种杀鸡取卵的感觉。”村支书说，“出让土地毕竟是一锤子买卖，现在这块地俏得很，但是跟我们也没关系了。”村里的后备集体建设用地资源还有很多，“第一槌”之后，土地入市在郫都区遍地开花，但战旗村却放慢了脚步。通过分配制度改革，调动广大村民积极性，激发各种要素创造力，继续带领村民致富增收，战旗村迈出了土地改革的第二步。

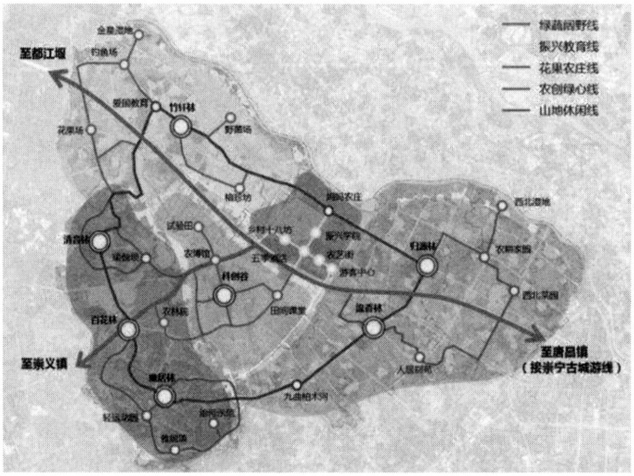

（图片来源：新华网）

2018年，战旗村结合小作坊改造，将具有浓厚乡土特色的布鞋、酱油、豆瓣等十几种农村土特产推到前台，以“前店后坊”的方式打造出了“乡村十八坊”，持续带动当地乡村旅游和农副产品销售。战旗村发展“农业+旅游”“农业+文化”“农业+艺术”“农业+互联网”“农业+双创”的新模式，此外，还以土地租赁、入股、联营等多种形式，建起了杏鲍菇、花卉、蔬菜等多个种植基地，村集体经济发展得风生水起。

议学活动

（1）战旗村通过哪些形式实现经济发展和人民收入的提高的？你还了解当前我国居民获得收入的其他重要形式吗？请举例说明。

（2）通过战旗村的分配模式，阅读教材，回答我国目前实行什么样的分配制度。

（3）运用我国分配制度的有关知识，简要说明战旗村的经济发展模式为什么能取得成功。

（4）视频分享：《勤劳的中国人民是中国的真正财富》。

议学总结

生产要素	作用
土地	利用土地入市赚取“第一桶金”
劳动力	通过发展乡村企业和乡村旅游等，吸引了大量人员回乡创业
资本	农民入股集体经济，获得了更多报酬，成立旅游公司，带来更大收益
技术	通过非物质文化遗产（如刺绣、手工布鞋等）发展旅游经济，农民获得更多技术收益
数据	利用互联网发展“互联网+”经济模式，增加收入

教学内容一：我国的分配制度

在现阶段，我国实行以按劳分配为主体、多种分配方式并存的分配制度。

1. 按劳分配

按劳分配是分配个人消费品的社会主义原则，即在生产资料社会主义公有制条件下，对社会总产品作各项必要的社会扣除以后，按照个人提供给社会的劳动的数量和质量分配个人消费品。劳动是一切成功的必经之路，我们中华民族素以热爱劳动著称于世，正是靠勤劳智慧创造了辉煌历史。当前，我国实行按劳分配为主体，主要是由我国实行公有制为主体、多种所有制经济共同发展的生产资料所有制决定的，是与我国现阶段生产力水平相适应的。目前我国劳动者的劳动能力存在明显的差别，劳动还是人们谋生的手段，因此分配必须体现人们的劳动差距。

2. 按生产要素分配

按生产要素分配指进行社会生产经营活动时所需要的各种社会资源，是维系国民经济运行及市场主体生产经营过程中所必须具备的基本因素，包括劳动、资本、土地、知识、技术、管理、数据等生产要素。随着科技的发展和知识产权制度的建立，技术、信息也作为相对独立的要素投入生产。

议题二　战旗村分配制度改革

议题情景2

2019年，战旗村成立了旅游开发有限公司，负责经营村里的农家乐和土特产销售业务，打造了集餐饮、民宿、特色农产品、红色研学、休闲采摘、农事体验于一体的乡村特色旅游示范点，全村有6个村民小组、162户村民加入，每户出股金2000元，不到半年游客量就突破20余万人次，实现经济附加值300余万元。

数据显示：从2018年至2020年，战旗村村集体资产分别为5600万元、7010万元、7264万元，实现集体收入520万元、621万元、571万元，2020年村民人均可支配收入达到31460元。2018年2月12日，习近平总书记来川视察战旗村，对战旗村的各项工作给予了充分的肯定，称赞“战旗飘飘，名副其实”，嘱托战旗村在乡村振兴战略中继续“走在前列，起好示范”。（摘编自央视网新闻）

议学活动

数据填表：战旗村村民张玲（化名）一家的收入情况。

收入来源	性质		性质
土地分红5000元		张玲老公在村委会上班每月工资5800元	
集体经济分红2000元		张玲妈妈经营民宿每月收入8000元	
张玲在蜀绣厂上班每月收入5500元		张玲每月其他投资收入3000元	

议学结论

按劳分配主要存在于公有制经济中，公有制经济包括国有经济、集体经济、混合所有制经济中的国有成分和集体成分。按生产要素中劳动、资本、土地、知识、技术、管理、数据等生产要素进行的分配主要存在于非公有制经济中。在人工智能时代，数据作为一种非常重要的生产要素在经济发展中的贡献越来越重要。

议题三　我给家乡发展提建议

议题情景3

2020年《中共中央关于制定国民经济和社会发展第十四个五年规划和2035年远景目标的建议》中指出：完善按要素分配政策制度，健全各类生产要素由市场决定报酬的机制，探索通过土地、资本等要素使用权、收益权增加中低收入群体要素收入。

战旗村牢记习近平总书记嘱托，感恩奋进，为了增加人们收入，千方百计努力发展生产。2020年，战旗村继续加大分配制度改革，通过激发各类生产要素活力，继续大力发展现代观光农业，推动水旱轮作稻鱼共生，打造大田景观，建成蓝莓基地等农业项目建设生产体验观赏通道，完成修复打造吕家院子等特色林盘。继续发展红色文化，开发感恩教育主题旅游，开辟红色旅游线路，吸引大批游客来战旗重走感恩道路。同时，战旗村深挖农耕文化推动农商文旅体融合发展，将川西民风民俗、特色手工艺、传统特色产品集成展示，让游客体验原汁原味的传统川西乡村文化。2020年累计接待游客85万人次，实现收入6500余万元，文旅产业产值增长两倍。2020—2021年，重点启动锦江绿道战旗区段、国际川菜小镇、天赋泉农业产业园、乡村振兴学院、巴蜀农耕文化博物馆等24个项目……2020年，战旗村集体资产达7200万元，集体经济收入580万余元，村民人均可支配收入达到3.1万余元。

议学活动

（1）小组讨论：战旗村的上述做法对我国经济发展有什么启示?

（2）我给家乡发展提建议：请你为自己家乡的经济发展、人民收入的提高提出几点建设性意见。

议学总结

（1）我们应努力发展生产，增加人民分配收入。完善我国分配制度，充分利用各种生产要素，提高人民分配收入。坚持以人民为中心的分配思想。

（2）

我给家乡发展提建议	
建议一	鼓励通过踏实劳动，勤劳致富
建议二	利用家乡优势，开发特色产品，发展特色产业
建议三	打造旅游景点，发展特色旅游
建议四	开展职业技能培训，提高人们职业技能
建议五	发展集体经济，多种方式入股投资

资源链接

1. 生产要素的分类及作用

土地要素：土地要素的概念有广义和狭义两种，广义不仅包括土地，还包括地下的矿藏和地下资源。狭义的概念即指地球表面未被海洋覆盖的地面，即土地本身。①

劳动力要素：劳动力是指个人为将产品或服务推向市场而付出的努力。同样，它可以采取各种形式。例如，旅馆现场的建筑工人和服务客人的服务员或旅馆接待员一样，都是在劳动。劳动力是最重要的经济资源和生产要素。

资本要素：在经济学中，资本通常是指金钱。但是，金钱不是生产要素，因为它不直接参与生产商品或服务。相反，它使企业家和公司所有者能够购买资本货物、土地，或支付工资，从而促进了在生产过程中的使用。对于现代主流（新古典）经济学家来说，资本是价值的主要驱动力。

技术要素：技术在生产中起着重要作用。技术具有相当广泛的定义，可以用来指代用于简化组织或制造过程的软件、硬件或二者的组合。技术逐渐成为企业之间效率差异的重要原因。从这个角度来看，技术就像金钱

① 俞剑平. 全球化经济合作学［M］. 杭州：浙江大学出版社，2001：138.

一样，是生产要素的促进者，即将技术引入劳动力或资本过程使其更加高效。例如，在制造过程中使用机器人可以提高生产率和产量。同样，在自助餐厅中使用自助服务亭可以帮助公司减少人工成本。

数据要素：党的十九届四中全会提出，健全劳动、资本、土地、知识、技术、管理、数据等生产要素由市场评价贡献、按贡献决定报酬的机制。这一次，数据作为一种新型生产要素写入文件中，与土地、劳动力、资本、技术等传统要素并列。数据作为一种新型生产要素写入中央文件中，体现了互联网大数据时代的新特征。

2.《中共中央关于制定国民经济和社会发展第十四个五年规划和2035年远景目标的建议》

2035年基本实现社会主义现代化远景目标。人均国内生产总值达到中等发达国家水平，中等收入群体显著扩大，基本公共服务实现均等化，城乡区域发展差距和居民生活水平差距显著缩小。

“十四五”时期经济社会发展必须遵循的原则：坚持以人民为中心。坚持人民主体地位，坚持共同富裕方向，始终做到发展为了人民、发展依靠人民、发展成果由人民共享，维护人民根本利益，激发全体人民积极性、主动性、创造性，促进社会公平，增进民生福祉，不断实现人民对美好生活的向往。民生福祉达到新水平。实现更加充分更高质量就业，居民收入增长和经济增长基本同步，分配结构明显改善，基本公共服务均等化水平明显提高，全民受教育程度不断提升，多层次社会保障体系更加健全，卫生健康体系更加完善，脱贫攻坚成果巩固拓展，乡村振兴战略全面推进。

深化农村改革。健全城乡融合发展机制，推动城乡要素平等交换、双向流动，增强农业农村发展活力。落实第二轮土地承包到期后再延长三十年政策，加快培育农民合作社、家庭农场等新型农业经营主体，健全农业专业化社会化服务体系，发展多种形式适度规模经营，实现小农户和现代农业有机衔接。健全城乡统一的建设用地市场，积极探索实施农村集体经营性建设用地入市制度。建立土地征收公共利益用地认定机制，缩小土地征收范围。探索宅基地所有权、资格权、使用权分置实现形式。保障进城落户农民土地承包权、宅基地使用权、集体收益分配权，鼓励依法自愿有偿转让。深化农村集体产权制度改革，发展新型农村集体经济。健全农村金融服务体系，发展农业保险。

改善人民生活品质，提高社会建设水平。坚持把实现好、维护好、发展好最广大人民根本利益作为发展的出发点和落脚点。坚持按劳分配为主体、多种分配方式并存，提高劳动报酬在初次分配中的比重，完善工资制度，健全工资合理增长机制，着力提高低收入群体收入，扩大中等收入群体。完善按要素分配政策制度，健全各类生产要素由市场决定报酬的机制，探索通过土地、资本等要素使用权、收益权增加中低收入群体要素收入。多渠道增加城乡居民财产性收入。完善再分配机制，加大税收、社保、转移支付等调节力度和精准性，合理调节过高收入，取缔非法收入。发挥第三次分配作用，发展慈善事业，改善收入和财富分配格局。

3.《2021年政府工作报告》

持续增进民生福祉，扎实推动共同富裕。坚持尽力而为、量力而行，加强普惠性、基础性、兜底性民生建设，制定促进共同富裕行动纲要，让发展成果更多更公平惠及全体人民。

促进多种所有制经济共同发展。坚持和完善社会主义基本经济制度。毫不动摇巩固和发展公有制经济，毫不动摇鼓励、支持、引导非公有制经济发展。各类市场主体都是国家现代化的建设者，要一视同仁、平等对待。

完善要素市场化配置体制机制。加强产权保护，深入推进“放管服”改革，实施优化营商环境条例。

推进新型城镇化和乡村振兴，城乡区域发展格局不断优化。加大城镇老旧小区改造力度，因城施策促进房地产市场平稳健康发展。粮食实现增产，生猪产能加快恢复，乡村建设稳步展开，农村人居环境整治成效明显。推进煤电油气产供储销体系建设，提升能源安全保障能力。健全区域协调发展体制机制，在实施重大区域发展战略方面出台一批新举措。

考核评价

1. 调查问卷

劳动创造财富，劳动创造幸福，劳动创造美好的生活。劳动意识是当代中国学生发展核心素养的重要表现。我们每一位同学都应该牢记“劳动光荣，懒惰可耻”，人人热爱劳动，积极参加劳动，珍惜他人劳动成果，争当知荣明耻、尚荣拒耻的好学生。

树德中学学生家务劳动调查问卷

年级	姓名	年　月　日	
填表：请根据你的实际情况，在相应的空格内或选项上打“√”			
项目	完全能做到	基本做到	做不到
自己做早饭			
自己洗衣服			
经常洗锅碗			
注重个人卫生			

1. 你认为主动做家务是理所当然的吗？
A. 这是自然　B. 并不这样觉得　C. 那要看心情
2. 你认为做家务对自己的全面发展有帮助吗？
A. 有很大的帮助　B. 百害而无一利　C. 帮助不大，但也起到一定的作用
3. 你通常在什么情况下会去做家务？
A. 长辈要求去做　B.自愿去做　C.当做家务可以得到某种回报时
4. 你多久能进行一次家务劳动？
A. 几乎每天　B. 一星期左右　C. 一两个月左右　D. 半年或更久
5.你的房间一般由谁整理？
A. 父母或爷爷奶奶　B. 自己　C. 其他人
6. 关于家务劳动对青少年身心全面发展的影响你有什么看法？

2. 课外综合素质能力拓展

小吴同学立志以后创建一家科技公司，通过学习分配制度后，请你帮他拟定几条有助于激励员工的具体分配方案（至少三条）。

方法一	
方法二	
方法三	

3. 实践操作

劳动教育——撰写开心农场劳动日记。

4. 实地调研

撰写战旗村参观日记。

参考文献

［1］2020年全国居民人均可支配收入32189元［N/OL］. 中国政府网，（2021-01-19）［2021-05-22］.http://www.gov.cn/shuju/2021-01/19/content-5580917.htm.

［2］四川成都战旗村：打造改革开放的“乡村振兴样本”［N/OL］. 人民网，（2018-12-11）［2021-05-22］. http://rmfp.people.com.cn/n1/2018/1211/c406725-30457756.html.

［3］周文彰. 开启全面建设社会主义现代化国家新征程［N/OL］. 人民网，（2020-08-26）［2021-05-22］. http://theory.people.com.cn/n1/2020/0826/c40531-31837889.html.

［4］四十年来我国城乡居民收入大幅提升，居民收入来源多样化［N/OL］. 中国政府网，（2018-09-02）［2021-05-22］. http://www.gov.cn/xinwen/2018-09/02content_5319225.htm.

［5］习近平. 习近平谈治国理政：第三卷［M］. 北京：外文出版社，2017.

高中段：民生之源
——我国的个人收入分配与社会保障

教学目标

了解我国分配制度的内容，理解按劳分配的基本内容和要求，懂得我国实行按劳分配的必然性；了解生产要素按贡献参与分配制度，理解我国确立生产要素按贡献参与分配的意义；理解我国完善社会保障制度的必然性。

坚定社会主义分配制度优越性的信念，增强拥护党的方针政策的自觉性。坚持共同富裕的根本目标，树立效率意识，培养公平精神，坚定社会主义制度自信、道路自信。

重点难点

坚持和完善我国的分配制度。

社会保障制度的重要性以及如何完善社会保障制度。

学情分析

通过上一阶段的学习，学生已经了解到我国的基本经济制度是以公有制为主体、多种所有制经济共同发展，初步认识了我国实行基本经济制度的历史必然性，对我国的社会主义经济制度的健全和完善充满信心。现有的社会主义基本经济制度包括所有制和分配制，所有制决定分配制，因此本阶段重点学习我国的分配制度，让学生在基本知识、历史必然性等方面更深入地理解我国的分配制度。

本学段学生的身心特点：从文化基础看，学生已经具备相关的理论知识储备、理性逻辑思维，自身文化认同、社会主义体制认同会更加深入；从教学实践的能力看，学生理论联系实际的能力、情景探究的分析能力、实践创新能力、社会责任与国家认同会进一步提高；从自主发展看，学生的自主学习能力、深度学习意识进一步增强。

本学段从具体情景入手，通过深入探究我国“精准扶贫”“输血式扶贫”的真实成功案例，感悟我国实行社会主义按劳分配制度的优越性和历史必然性，正确认识劳动创造价值，坚持公平和效率的统一，先富带动后富，坚持以人民为中心的分配思想，合法诚实劳动，让一切创造财富的源泉充分涌流，彰显社会主义本质，坚定社会主义市场经济道路自信、理论自信、制度自信、文化自信。

设计思路

1. 设计理念

以我国扶贫攻坚的成功案例为背景，以情境探究教学法引导学生理解我国个人收入分配制度和社会保障制度。其一，设置问题情境，让学生了解我国的收入分配制度，探究如何进一步完善我国的收入分配制度；其二，引导学生在活动中探究国家依法建立起由政府和社会承担主要责任的社会保障“安全网”的必要性，以及如何完善社会保障制度。

2. 思维导图

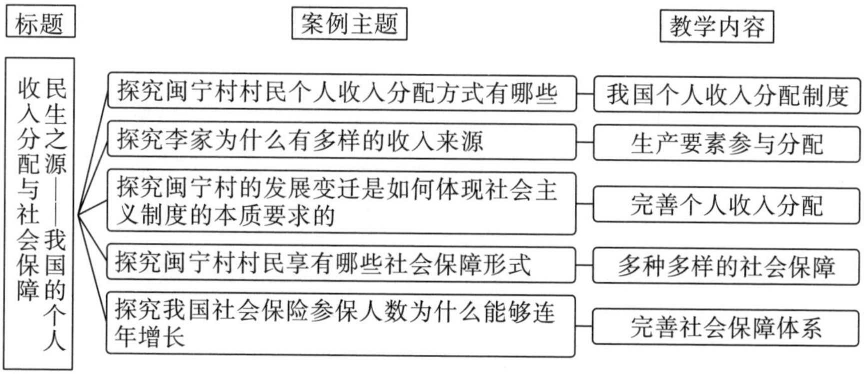

教学方法

情境探究法、案例分析法。

教学内容

教学内容一：坚持和完善我国的分配制度

1. 按劳分配为主体、多种分配方式并存

2. 完善个人收入分配

教学内容二：我国的社会保障

1. 多种多样的社会保障

2. 完善社会保障体系

实施方案

【议题情景1】

2021年热播的电视剧《山海情》取材于真实生活。《山海情》的“山”，是宁夏回族自治区；“海”，是对口帮扶的福建省。

宁夏的西海固地区是出了名的“苦瘠甲天下”。1996年，福建和宁夏结成了对口帮扶，以期共同攻克脱贫难关。两省区商定，在西海固地区实行吊庄移民政策，建立一个“闽宁村”。经过艰苦奋斗，宁夏西海固从荒漠戈壁变成了塞上江南，当地人民勤劳致富，彻底摆脱了贫困。

《山海情》的马德福，带领闽宁村的村民们创办集体企业，在福建的帮扶下学习种植蘑菇技术，村民们真切地尝到了科技扶贫的甜头：27个示范户平均收入超过2000元，一个菇棚超过了种27亩小麦的收入。

如今，闽宁村村民们不仅有承包土地的收入，还能在村办企业领工资。随着集体经济的不断壮大，村民也早早享受到了免费的教育和医疗。

议学活动

闽宁村的村民个人收入分配的方式有哪些？这样的个人收入分配方式由什么决定？

议学总结

闽宁村的村民个人收入分配方式主要有集体企业的工资、承包土地收入等。这样的个人收入分配方式由我国公有制为主体、多种所有制经济共同发展的所有制决定的。

教学内容一：坚持和完善我国的分配制度

1. 按劳分配为主体、多种分配方式并存

1）按劳分配为主体、多种分配方式并存的必然性

在一定时期内，社会所创造的国民收入要在政府、企业、个人之间进行合理分配，分别形成政府收入、企业收入和个人收入，以满足不同的社会需要。个人收入分配方式不是任意决定的，而是由生产资料所有制决定的。我国坚持公有制为主体、多种所有制经济共同发展，决定了分配制度必然是按劳分配为主体、多种分配方式并存。

2）按劳分配

（1）按劳分配是社会主义的分配原则。其基本内容和要求是：有劳动能力的社会成员必须参加劳动；在作了必要的扣除后，以劳动者提供的劳动（包括劳动数量和质量）为尺度对个人进行分配，多劳多得、少劳少得。

（2）实行按劳分配的必要性。实行按劳分配，是由一定的经济条件决定的。第一，生产资料公有制是实行按劳分配的前提。第二，社会主义公有制条件下的生产力发展水平，是实行按劳分配的物质基础。第三，社会主义条件下人们劳动的性质和特点，是实行按劳分配的直接原因。

【议题情景2】

闽宁村李家的孩子们		分配方式和获取收入的途径
大儿子	在一家国有企业工作，每月有工资，年终有奖金	
二女儿	是一家股份制企业的管理人员，除工资外，持有的公司股票也有分红，自己又是一个理财高手，每年银行存款和国债也会有一定的收益	

续表

闽宁村李家的孩子们		分配方式和获取收入的途径
三儿子	还是农民，转让了自家承包地的经营权，一心一意做自己的“农家乐”，收入可观	
四儿子	是一家公司的员工，业余时间搞点小发明，几年时间拥有了三项国家专利，改进了40多项设计工艺和工艺设备，获得多项奖励，转让自己的发明专利以后获得一笔可观的收入	
五女儿	爱好旅游、摄影，应某网站邀约，成了旅行博主，通过发布视频，获取点击和网站打赏，收入不菲	
六儿子	想赚快钱，每天妄想一夜暴富，于是选择了传销，结果不仅没有暴富反而债台高筑并因触犯法律而入狱	

议学活动

解读材料信息，“闽宁村李家的孩子们”为什么会有多样的收入来源?

议学总结

我国坚持按劳分配为主体、多种分配方式并存，要让劳动、资本、土地、知识、技术、管理、数据等生产要素参与收入分配。

3）按生产要素参与收入分配

坚持按劳分配为主体、多种分配方式并存，要让劳动、资本、土地、知识、技术、管理、数据等生产要素参与收入分配。这有利于让一切要素的活力竞相迸发，让一切创造社会财富的源泉充分涌流，推动资源优化配置，促进经济发展。

4）我国居民收入来源多样化

我国现阶段的个人收入分配制度，使我国居民收入来源多样化。从个人获取收入的途径看，居民收入主要包括劳动性收入和财产性收入，还包括经营性收入和转移性收入。

（1）劳动性收入，是指通过劳动所获得的收入，包括工资、奖金、津贴等。

（2）财产性收入，是指通过自己所拥有的各类财产获得的收入，包括银行存款所得的利息、房屋出租所得的租金等。

（3）经营性收入，是指通过生产经营活动所获得的收入。

（4）转移性收入，是指国家、单位、社会团体对住户的各种经常性转移支付和住户之间的经常性收入转移，包括养老金、社会救济和补助、政策性生产补贴、政策性生活补贴、救灾款等。

5）劳动创造财富

劳动是财富的源泉，我们获取的任何收入归根结底都来自劳动创造。要弘扬劳动精神，崇尚劳动、尊重劳动，牢固树立劳动最光荣、劳动最崇高、劳动最伟大、劳动最美丽的观念。要鼓励全体劳动者通过辛勤劳动、诚实劳动、创造性劳动致富。

【议题情景3】

20世纪70年代末，全国人均国民收入340多元，宁夏是230多元，西海固人均国民收入不足百元。

面对宁夏贫困的面貌，福建以“福建所能”补“宁夏所需”累计提供各项帮扶资金26.3亿元，超过60%资金投向全区“五县一片”深度贫困地区。闽宁牵手，共同奋斗。经过六次搬迁，123万人离开了不适宜人类居住的环境。

1997年开启了闽宁镇大开发、大扶贫、大发展的新篇章。2019年，全镇移民人均纯收入由搬迁之初的500元跃升到13970元，24年间增长了近27倍。闽宁村实现了从无到有、从有到优、从优到特的发展目标。

议学活动

闽宁村的发展变迁是如何体现社会主义制度的本质要求的？

议学总结

社会主义的本质是实现共同富裕。收入分配是民生之源，是改善民生、实现发展成果由人民共享最重要、最直接的方式。

2. 完善个人收入分配

1）收入分配的重要性

收入分配是民生之源，是改善民生、实现发展成果由人民共享最重要、最直接的方式。为此，必须完善个人收入分配，理顺国家、企业和个人三者的收入分配关系，健全体现效率、促进公平的收入分配制度。

2）如何完善个人收入分配

（1）完善个人收入分配，要坚持在经济增长的同时实现居民收入同步增长，在劳动生产率提高的同时实现劳动报酬同步提高。

（2）完善个人收入分配，在初次分配方面，要坚持多劳多得，着重保护劳动所得，增加劳动者特别是一线劳动者的劳动报酬，提高劳动报酬在初次分配中的比重；要健全劳动、资本、土地、知识、技术、管理、数据等生产要素由市场评价贡献、按贡献决定报酬的机制。

（3）完善个人收入分配，再分配方面，要健全以税收、社会保障、转移支付为主要手段的再分配调节机制，强化税收调节。

（4）完善个人收入分配，要重视发挥第三次分配作用，发展慈善等社会公益事业。

（5）完善个人收入分配，要规范收入分配秩序，鼓励勤劳致富，保护合法收入，增加低收入者收入，扩大中等收入群体，调节过高收入，清理规范隐性收入，取缔非法收入。

（6）完善个人收入分配，必须坚持消除贫困。消除贫困是保障发展成果更多更公平惠及全体人民、实现共同富裕的必然要求，是中国特色社会主义制度优越性的重要体现。为了消除贫困，让贫困人口和贫困地区同全国一道进入小康社会，要动员全党全国全社会力量，坚持精准扶贫、精准脱贫，把扶贫同扶志、扶智相结合，做到脱真贫、真脱贫。

【议题情景4】

闽宁村集体经济效益好，村委会统一为所在地村民交纳参合资金，购买了新型农村合作医疗保险。

闽宁村李家大儿子在国企，公司每个月要缴纳基本养老保险、基本医疗保险、失业保险和住房公积金，大儿子马上就要退休了，他觉得生活有保障心里踏实。

大儿子的丈母娘八十多岁了，是一个独居老人，住在城里面社区居家养老中心，有人照顾，国家每个月还给她一定的生活补贴。

村民小丁是高中生，突遇变故，父母遭遇车祸身亡，小丁申请了低保，可以解决他的基本生活和教育问题。

议学活动

上述材料涉及哪些社会保障形式？

议学总结

社会保险、社会救助、社会福利、社区服务等。

教学内容二：我国的社会保障

1. 多种多样的社会保障

1）社会保障的类型

社会保障主要由社会保险、社会救助、社会福利、社会优抚组成，还包括其他社会保障形式，它们共同构成了我国的社会保障体系。

（1）社会保险是我国社会保障体系的核心。它通过政府、单位、个人三方共同筹集资金，保障公民在年老、疾病、工伤、失业、生育等情况下依法从国家和社会获得物质帮助。在我国，社会保险主要包括基本养老保险、基本医疗保险、工伤保险、失业保险、生育保险等。

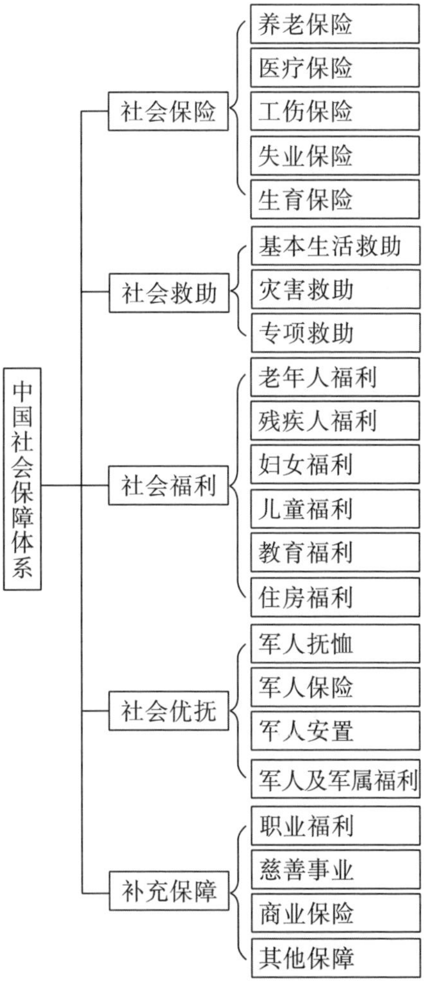

（2）社会救助是最先形成的、历史最悠久的社会保障形式。它是政府通过国民收入再分配，对因自然灾害或其他经济社会原因而无法维持最低生活水平的公民给予无偿帮助，以保障其最低生活水平。社会救助是保障社会成员生活安全和生存权利的“最后一道防线”。

（3）社会福利是政府和社会向老年人、残疾人、妇女、儿童和其他社会成员提供的社会化服务、实物供给或者福利津贴，以满足社会成员的生活需要并促使其生活质量不断得到改善和提高，是最高层次的社会保障。

（4）社会优抚是国家和社会依法对现役军人、复员退伍军人以及军烈属等优抚对象实行物质照顾、生活和工作安置、精神抚慰的褒扬性、补偿性、优待性、综合性的特殊社会保障。

2）社会保障的作用

（1）社会保障作为精巧的“社会减震器”，通过防范和化解社会成员的生存危机，保障他们的基本生活权利，能够有效维护社会生活秩序的稳定。

（2）社会保障通过国民收入再分配，能够调节不同社会群体之间的利益关系，化解社会矛盾和冲突，促进社会公平正义。

（3）社会保障通过风险分摊与责任共担，充分发挥社会互助功能，同时通过社会成员的自助与他助，推动社会持续健康发展。

【议题情景5】

《山海情》是中国脱贫攻坚的真实缩影。“全国一盘棋”，2020年我国脱贫攻坚取得决定性成就。

闽宁之情，山海为证。志合者，不以山海为远。如今的宁夏西海固地区，早已看不到“苦瘠甲天下”的影子。村民们住进了楼房，看病有医保，退休有社保，医院、学校、养老中心等镇上都有。民生有保障，村民喜洋洋。

我国社会保障体系进一步完善。2019年全年基本养老保险、失业保险、工伤保险三项社会保险基金收入合计58171.5亿元，比上年增加1082.5 亿元；基金支出合计 54054.8亿元，比上年增加 4846.8亿元。

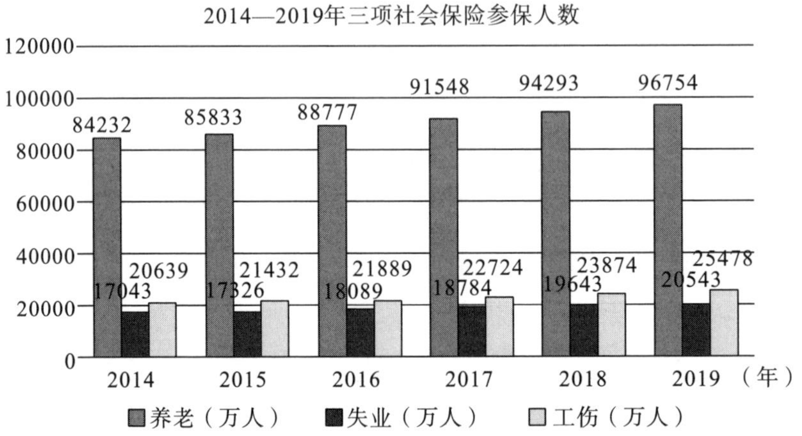

（数据来源：新华网）

议学活动

我国社会保险参保人数为什么能够连年增长？

议学总结

随着我国经济的增长，人们收入水平的提高，国家社会保障体系的健全和完善，企业守法参保意识的增强，职工参加社会保险意识的普遍增强，社会保险参保人数实现连年增长。

2. 完善社会保障体系

1）完善社会保障体系的总要求

完善覆盖全民的社会保障体系，要坚持应保尽保原则，健全统筹城乡、可持续的基本养老保险制度、基本医疗保险制度，稳步提高保障水平，全面建成覆盖全民、城乡统筹、权责清晰、保障适度、可持续的多层次社会保障体系。

2）完善社会保障体系的重点

（1）完善社会保障体系，要公平对待每个公民并确保其享受相应的社会保障权益。为此，要建立起覆盖全民、城乡统筹的社会保障体系，形成没有漏洞的“安全网”。同时，完善社会保障体系要更多地维护好弱势群体的利益，缩小贫富差距，促进社会和谐发展。

（2）完善社会保障体系，既要尽力而为，又要量力而行，要坚持社会保障水平与经济社会发展相适应。随着经济社会的发展，人民对生活安全保障的要求越来越高，我们要通过加强社会保障体系建设，不断满足人民的社会保障需求。

同时，经济发展是社会保障的基础。如果没有相应的经济实力做支撑，社会保障即使建立起来也无法维持下去。只有建立起与经济发展水平相适应、保障适度的社会保障体系，才能使社会保障持续发展。

（3）完善社会保障体系要做到权责清晰。享受社会保障是社会成员的一项法定权利，也是现代社会文明进步的重要标志。同时，社会保障资金的筹集涉及政府、企业、个人和其他单位的经济利益，需要各方合理分担责任。完善社会保障体系，必须明确各方的权利与责任，严格依法监管。

资源链接

1. 收入分配环节的界定

收入分配涉及分配的起点或源头、初次分配、再分配等诸多环节，学术界亦有一些分歧。这里介绍国民账户体系理论，以供参考。

（1）收入分配的起点。收入分配的起点或源头是各机构部门的增加值。按照国民账户体系理论，政府部门是主要提供公共服务的生产部门，与企业部门一样，要创造增加值。企业部门增加值是所有企业（含金融机构）创造的增加值之和。住户部门增加值主要是城乡个体经营户（含农户）创造的增加值。将政府部门增加值、企业部门增加值、住户部门增加值加在一起就是国民生产总值。可见，从整个国民经济角度看，收入分配的起点是国民生产总值。各机构部门的增加值记在各自的收入项下。

（2）初次分配。初次分配是指以劳动者报酬、固定资产折旧、生产税及财产收入等形式对增加值进行的分配。初次分配形成的收入余额为初次分配总收入。初次分配是与生产活动直接相关的分配，主要是对参与生产的要素进行分配。初次分配涉及三个分配项目，分别是劳动者报酬、生产税净额和财产收入。各机构部门的劳动者报酬是本部门的支出，是住户部门的收入；各机构部门的生产税净额是本部门的支出，是政府部门的收入；各机构部门的财产收入相对复杂一些，既有因将属于自己的金融资产和自然资源借给其他机构部门使用而产生的财产收入（收入项），也有因从其他机构部门借入金融资产和自然资源而需支付的财产收入（支出项）。将各机构部门在这些分配项目下的收入之和减去支出之和就是该机构部门的初次分配收入。以政府部门为例：政府部门的初次分配收入=政府部门增加值-政府部门劳动者报酬+来自其他部门缴纳的生产税净额+财产收入（收入项）-财产收入（支出项）。

（3）再分配。再分配是初次分配的继续，以初次分配收入为起点。再分配的方式是“经常转移”。国民账户体系给经常转移下的定义是：在交易中，一个机构单位向另一个机构单位提供货物、服务但又不向后者索取任何货物、服务作为与之直接对应的回报，并且交易一方或双方无需获得或处置资产的一种交易形式。经常转移的具体形式是所得税、社会保险缴款、政府社保支出、社会补助等。很明显，再分配与初次分配不同，再分配与生产活动关系不大，是对初次分配收入的调节。将机构部门的初次分配收入加上经常转移收入减去经常转移支出，就等于机构部门的可支配收入。以政府部门为例：政府部门的可支配收入=政府部门的初次分配收入+所得税+社会保险缴款-政府社保支出-政府向居民提供的各种生活补贴+政府各种罚款收入等。（资料来源：《普通高中课程标准实验教科书 思想政治1必修 经济生活教师用书》）

2. 收入分配制度

党的十九届四中全会审议通过的《中共中央关于坚持和完善中国特色社会主义制度推进国家治理体系和治理能力现代化若干重大问题的决定》（简称《决定》）指出：把“坚持按劳分配为主体、多种分配方式并存”上升为基本分配制度，必须长期坚持。具体包括：

（1）按劳分配和按要素贡献分配相结合的初次分配制度。多劳多得，保护劳动所得，增加劳动者特别是一线劳动者劳动报酬，提高劳动报酬在初次分配中的比重，是社会主义分配的基本原则，是尊重劳动、劳动光荣的具体体现，是以人民为中心的发展思想的体现；健全劳动、资本、土地、知识、技术、管理、数据等生产要素按贡献分配则体现了社会主义市场经济的内在要求，体现了创新驱动发展理念的要求，体现了新技术革命发展的新要求，特别是把数据作为生产要素，体现了大数据时代数据对生产力发展的巨大作用。

（2）国民收入再分配制度。再分配主要是国家利用税收、社会保障、转移支付等主要手段对城乡之间、区域之间、不同群体之间的分配关系进行调节，促进社会公平正义，是社会主义优越性的重要体现，是共享发展的具体体现。

（3）第三次分配制度。《决定》首次提出“第三次分配”的概念，是对分配制度的重要发展。通过发展慈善等社会公益事业，发挥第三次分配在社会救助、扶弱济困方面的重要作用，实现发展成果由全体人民共享。科学、规范、合理的收入分配秩序，能够激发广大人民的积极性和创造性，共同创造美好生活。鼓励勤劳致富，保护合法收入、增加低收入者收入、扩大中等收入群体、调节过高收入、清理规范隐性收入、取缔非法收入，把收入分配制度建立在法治的基础之上。

这种立体化的分配制度体系为我国始终沿着科学社会主义的方向发展、实现共享共富目标提供了强大的制度保障。（资料来源：程恩富、王朝科《我国基本经济制度的新概括》）

3. 经济名词解释

（1）指标解释。

居民可支配收入是指居民可用于最终消费支出和储蓄的总和，即居民可用于自由支配的收入，既包括现金收入，也包括实物收入。按照收入的来源，可支配收入包括工资性收入、经营净收入、财产净收入和转移净收入。

居民消费支出是指居民用于满足家庭日常生活消费需要的全部支出，既包括现金消费支出，也包括实物消费支出。消费支出包括食品烟酒、衣着、居住、生活用品及服务、交通通信、教育文化娱乐、医疗保健以及其他用品及服务八大类。

人均收入中位数是指将所有调查户按人均收入水平从低到高的顺序排列，处于最中间位置的调查户的人均收入。

季度收支数据中未包括居民自产自用部分的收入和消费，年度收支数据包括。

（2）调查方法。

城乡居民收支数据来源于国家统计局组织实施的住户收支与生活状况调查，按季度发布。

国家统计局采用分层、多阶段、与人口规模大小成比例的概率抽样方法，在全国31个省（区、市）的1800个县（市、区）随机抽选16万个居民家庭作为调查户。

国家统计局派驻各地的直属调查队按照统一的方法，组织调查户记账采集居民收入、支出、家庭经营和生产投资状况等数据；同时按照统一的调查问卷，收集住户成员及劳动力从业情况、住房与耐用消费品拥有情况、居民基本社会公共服务享有情况等其他调查内容。数据采集完成后，市县级调查队使用统一的方法和数据处理程序，对原始调查资料进行编码、审核、录入，然后将分户基础数据直接传输至国家统计局进行统一汇总计算。（摘编自国家统计局）

4.《关于个人取得有关收入适用个人所得税应税所得项目的公告》（财政部 税务总局公告2019年第74号）

为贯彻落实修改后的《中华人民共和国个人所得税法》，做好政策衔接工作，现将个人取得的有关收入适用个人所得税应税所得项目的事项公告如下：

一、个人为单位或他人提供担保获得收入，按照“偶然所得”项目计算缴纳个人所得税。

二、房屋产权所有人将房屋产权无偿赠与他人的，受赠人因无偿受赠房屋取得的受赠收入，按照“偶然所得”项目计算缴纳个人所得税。按照《财政部 国家税务总局关于个人无偿受赠房屋有关个人所得税问题的通知》（财税〔2009〕78号）第一条规定，符合以下情形的，对当事双方不征收个人所得税：

（一）房屋产权所有人将房屋产权无偿赠与配偶、父母、子女、祖父母、外祖父母、孙子女、外孙子女、兄弟姐妹；

（二）房屋产权所有人将房屋产权无偿赠与对其承担直接抚养或者赡养义务的抚养人或者赡养人；

（三）房屋产权所有人死亡，依法取得房屋产权的法定继承人、遗嘱继承人或者受遗赠人。

前款所称受赠收入的应纳税所得额按照《财政部 国家税务总局关于个人无偿受赠房屋有关个人所得税问题的通知》（财税〔2009〕78号）第四条规定计算。

三、企业在业务宣传、广告等活动中，随机向本单位以外的个人赠送礼品（包括网络红包，下同），以及企业在年会、座谈会、庆典以及其他活动中向本单位以外的个人赠送礼品，个人取得的礼品收入，按照“偶然所得”项目计算缴纳个人所得税，但企业赠送的具有价格折扣或折让性质的消费券、代金券、抵用券、优惠券等礼品除外。

前款所称礼品收入的应纳税所得额按照《财政部 国家税务总局关于企业促销展业赠送礼品有关个人所得税问题的通知》（财税〔2011〕50号）第三条规定计算。

四、个人按照《财政部 税务总局 人力资源社会保障部 中国银行保险监督管理委员会 证监会关于开展个人税收递延型商业养老保险试点的通知》（财税〔2018〕22号）的规定，领取的税收递延型商业养老保险的养老金收入，其中25%部分予以免税，其余75%部分按照10%的比例税率计算缴纳个人所得税，税款计入“工资、薪金所得”项目，由保险机构代扣代缴后，在个人购买税延养老保险的机构所在地办理全员全额扣缴申报。

五、本公告自2019年1月1日起执行。

考核评价

1. 家庭成员收入分配方式调查表

家庭成员	单位性质	收入构成	属于哪种分配形式	按要素分配形式

2. 商业保险是社会保险的有益补充，调查并填写图表

险种	保障范围	赔付方式	保障时间	钱赔给谁	对应风险	适应群体
重疾险						
医疗险						
意外险						
寿险						

参考文献

［1］任仲平. 气吞山河的壮阔行进——写在脱贫攻坚战取得全面胜利、全面推进乡村振兴之际［N］. 人民日报，2021-03-03（1）.

［2］马克思，恩格斯. 哥达纲领批判［M］. 北京：人民出版社，2018.

［3］习近平. 习近平谈治国理政：第三卷［M］. 北京：外文出版社，2017.

［4］中共中央文献研究室. 习近平关于社会主义社会建设论述摘编［M］. 北京：中央文献出版社，2017.

［5］习近平. 在党的十八届二中全会第二次全体会议上的讲话［R/OL］. 人民网，（2013-03-01）［2021-05-22］. http://cpc.people.com.cn/n/2013/0301/c64094-20638535.html.

大学段：走向共同富裕
——不断深化收入分配制度改革

教学目标

培养学生正确认识中国特色社会主义的基本分配制度，即按劳分配为主体、多种分配方式并存的分配制度。引导学生认识所有制和分配之间的关系，认识当前分配制度是推进我国走向共同富裕的必然选择，增强学生对我国走共同富裕之路的信心。基于此，大学学段本专题的教学目标应该包含知识、能力、信念三个层次。

知识目标：教育学生基本掌握“按劳分配为主体、多种分配方式并存”的基本内涵，明晰分配方式是由所有制决定的，明确我国走共同富裕之路就必然要坚持基本分配制度，正确认识社会主义初级阶段的剥削问题。

能力目标：提升运用所学到的基本原理分析我国脱贫攻坚取得的重大历史性成就的能力，分析当前分配领域存在的各种现象，如收入差距拉大、劳动报酬在初次分配中的比重偏低、居民收入在国民收入中的比重偏低等问题。

信念目标：通过对知识的把握，弘扬勤劳致富精神，在思想上确立“社会主义是干出来的，幸福是奋斗出来的”[①]观念，摒弃不劳而获、一夜暴富等错误观点；同时，同当前在分配领域的一些错误思潮做斗争，坚定我国必然走向共同富裕的信念，坚定为中华民族伟大复兴而努力奋斗的伟大志向。

重点难点

1. 教学重点

（1）引导学生正确认识从社会主义初级阶段的基本国情，到所有制结构，到分配方式，再到共同富裕之路的历史必然性。

（2）引导学生更加深刻地认识我国当前的分配制度改革的公平正义价值取向；通过学生对按劳分配为主体的学习，突出对“幸福是奋斗出来的”思想的引导。

2. 教学难点

我国当前处于社会主义初级阶段，在以按劳分配为主体的同时会有多种分配方式并存，这是历史发展的必然，也是促进我国效率与公平统一的必然要求。

学情分析

大学段是教育的高级阶段，是在对事物进行了感性认识，并上升到规律性的理性认识基础上，增强运用规律正确认识事物、分析问题的能力。学生通过认识事物、分析问题能力的提升，增强对我国当前分配制度的必

① 习近平在宁夏考察时强调 决胜全面建成小康社会决战脱贫攻坚 继续建设经济繁荣民族团结环境优美人民富裕的美丽新宁夏［N］. 人民日报，2020-06-11（1）.

然性、优越性及其发展方向的认识，最终达到坚定自信的目的。

设计思路

1. 设计理念

本学段根据大学生的特点，基于教学目标，从生产决定分配、生产资料所有制决定分配制度、社会主义社会要实行按劳分配、分配是随生产力的发展变化而不断变化的等马克思主义关于分配的基本原理出发，阐释我国坚持按劳分配为主体、多种分配方式并存的分配制度，引导学生树立劳动开创未来、走向共同富裕的思想认识。

2. 思维导图

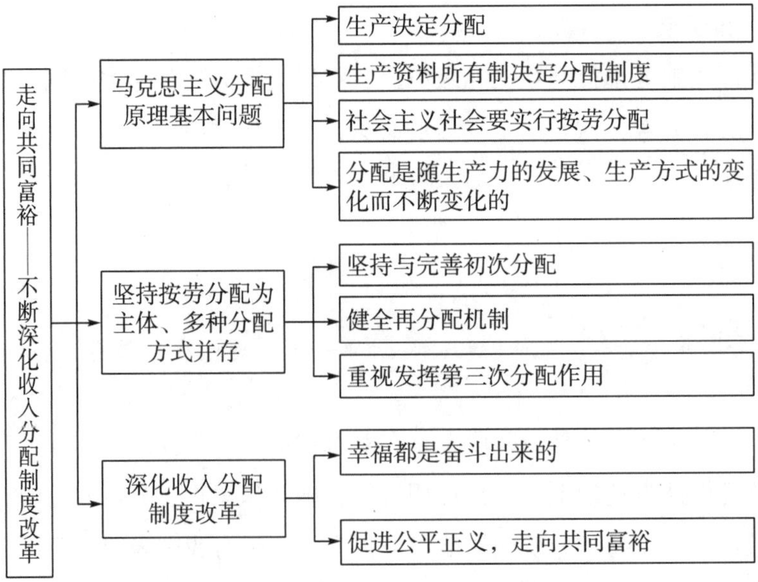

教学方法

理论讲授法。在课堂上对教学内容进行阐述。

案例分析法。通过对充分反映我国分配制度的经典案例的分析，大学生对分配制度的具体设计、发挥的效能和优势有具体、生动的体会和认识。

现场教学法。将相关机构的业界精英以特邀嘉宾的身份请进课堂，结合其工作经历和感受，围绕分配制度的某一方面或主题现场说法，参与课堂教学，提升案例教学的针对性、实效性、吸引力和感染力。

比较分析法。通过对不同国家分配制度的对比分析，加深大学生对“按劳分配为主体、多种分配方式并存”比较优势的认识，让大学生深刻地明白一个国家的分配制度必须要适应国家性质和基本国情。

“问题导向型”专题研究法。针对当前关于我国分配制度存在的错误思想，以及大学生头脑中存在的突出问题，设置相应的专题；组织学生成立专题研究小组开展研究与教师辅导相结合的方式，使教学在直面“现实问题”和“解疑释惑”中坚定制度自信。

经典文献研读法。通过对相关经典文献的研读，加深对分配制度的认识和理解。

参观调查法。围绕我国的分配制度，选取身边具有典型性的人或事，对其进行参观或调查，以达到加深对制度具体运作及制度优势认识的目的。

教学内容

教学内容一：马克思主义分配原理基本问题

1. 生产决定分配

2. 生产资料所有制决定分配制度
3. 社会主义社会要实行按劳分配
4. 分配是随生产力的发展、生产方式的变化而不断变化的

教学内容二：坚持按劳分配为主体、多种分配方式并存

1. 坚持与完善初次分配
2. 健全再分配机制
3. 重视发挥第三次分配作用

教学内容三：深化收入分配制度改革

1. 幸福都是奋斗出来的
2. 促进公平正义，走向共同富裕

实施方案

教学内容一：马克思主义分配原理基本问题

马克思主义分配原理阐述了以下几个基本问题。

1. 生产决定分配

马克思是在分析生产、分配、交换、消费的相互关系基础上阐述分配问题的，他批评了离开其他三个环节而孤立地谈论分配："庸俗的社会主义仿效资产阶级经济学家主义把分配看成并解释成一种不依赖于生产方式的东西，从而把社会主义描写为主要是围绕着分配兜圈子。"[①]马克思指出，这四个环节"构成一个总体的各个环节，一个统一体内部的差别。生

① 马克思，恩格斯. 马克思恩格斯选集：第三卷［M］. 北京：人民出版社，2012：365-366.

产既支配着与其他要素相对而言的生产自身，也支配着其他要素。过程总是从生产重新开始。交换和消费不能是起支配作用的东西，这是不言而喻的。分配，作为产品的分配，也是这样。而作为生产要素的分配，它本身就是生产的一个要素。因此，一定的生产决定一定的消费、分配、交换和这些不同要素相互间的一定关系。当然，生产就其单方面形式来说也决定于其他要素”①。可以看出，生产决定其他三个环节，其他环节影响生产，所以生产决定分配。这种决定作用表现在分配对象和分配形式两个方面：“分配的结构完全决定于生产的结构。分配本身是生产的产物，不仅就对象说是如此，而且就形式说也是如此。就对象说，能分配的只是生产的成果，就形式说，参与生产的一定方式决定分配的特殊形式，决定参与分配的形式。”②可以看出，生产力的发展水平决定了分配的对象，即能够分配什么；生产方式决定了分配方式，即怎么样进行分配的问题。

2. 生产资料所有制决定分配制度

由以上原理可以看出，生产关系决定分配关系，生产方式决定分配方式。生产资料所有制是生产关系的基础，它决定了在整个社会生产中谁占有生产资料，谁失去生产资料，从而决定占有生产资料的人获得劳动产品的方式，以及失去生产资料的人获得劳动产品的方式。毛泽东十分重视马克思主义“生产决定分配”这一基本原理，指出：“分配首先是生产条件的分配，生产资料在谁手里，这是决定性的问题。”③ 所以，生产资料所有制的形式决定了分配制度的形式。

3. 社会主义社会要实行按劳分配

资本主义必然灭亡是因为它有不可调和的根本矛盾：生产社会化与生

① 马克思，恩格斯. 马克思恩格斯文集：第八卷［M］. 北京：人民出版社，2009：23.
② 马克思，恩格斯. 马克思恩格斯文集：第八卷［M］. 北京：人民出版社，2009：19.
③ 毛泽东. 读社会主义政治经济学批注和谈话［M］. 中华人民共和国国史学会，1998：399.

产资料私有制之间的矛盾。社会主义就是在解决资本主义这一根本矛盾中走向胜利的，而解决这一矛盾的根本就是实行生产资料公有制，而生产资料公有制决定了社会主义要实行按劳分配。马克思描绘了社会主义的分配方式："一个生产者，在作了各项扣除以后，从社会领回的，正好是他给予社会的。他给予社会的，就是他个人的劳动量。……他从社会领得一张凭证，证明他提供了多少劳动（扣除他为公共基金而进行的劳动），他根据这张凭证从社会储存中领得一份耗费同等劳动量的消费资料。他以一种形式给予社会的劳动量，又以另一种形式领回来。"[①]所以，实行按劳分配是科学社会主义的一个基本特征。

4. 分配是随生产力的发展、生产方式的变化而不断变化的

生产力和生产方式决定分配和分配方式，而生产力是不断发展的、生产方式是不断变化的，所以分配以及分配方式也是不断发展的，一定的社会分配制度必然随着生产力的发展、生产方式的变化而不断变化。正如恩格斯指出的："分配方式本质上毕竟要取决于有多少产品可供分配，而这当然随着生产和社会组织的进步而改变，从而分配方式也应当改变。"[②]

由此可见，我们在谈论分配时，不能撇开生产力水平、生产方式、社会制度等基础，即不能落后于生产力发展水平，否则将被历史所遗弃，也不能超越生产力发展阶段，否则将会造成巨大的损失。这是我们认识分配问题的基本观点。

教学内容二：坚持按劳分配为主体、多种分配方式并存

新中国成立后，我国通过社会主义改造建立了社会主义制度，实施了生产资料公有制，探索了按劳分配的实现形式，取得了很大的成绩。但由于对社会主义本质及发展阶段认识还不够深入，也走过一些弯路。改革开

---

① 马克思，恩格斯. 马克思恩格斯选集：第三卷［M］. 北京：人民出版社，2012：363.
② 马克思，恩格斯. 马克思恩格斯文集：第十卷［M］. 北京：人民出版社，2009：586.

放以后，在对社会主义本质和发展阶段进行深入科学认识的基础上，在生产资料公有制为主体、多种所有制经济共同发展的所有制基础上，我国不断完善与发展分配制度，在按劳分配基础上逐渐提出按生产要素分配的形式。党的十四大指出："在分配制度上，以按劳分配为主体，其他分配方式为补充，兼顾效率与公平。"[①]党的十四届三中全会通过的《中共中央关于建立社会主义市场经济体制若干问题的决定》明确提出："个人收入分配要坚持以按劳分配为主体、多种分配方式并存的制度。"[②]正式确立了我国的分配制度，并在实践中不断坚持与完善。

习近平总书记在坚持这一分配制度的基础上，不断健全体制机制和具体政策。习近平总书记指出了这一制度安排的重大意义："公有制为主体、多种所有制经济共同发展，按劳分配为主体、多种分配方式并存，社会主义市场经济体制等社会主义基本经济制度，既有利于激发各类市场主体活力、解放和发展社会生产力，又有利于促进效率和公平有机统一、不断实现共同富裕。"[③]可见，我国当前分配制度是实现共同富裕的必要途径。在按劳分配方面，习近平总书记提出："多劳多得、少劳少得、不劳不得……多劳多得，前提是劳动是有效的。"[④]在多种分配方式方面，习近平总书记提出："无论是劳动、资本、土地，还是知识、技术、管理，都应该按各自贡献获得相应回报。"[⑤]

党的十九届四中全会进一步发展了我国的分配制度："坚持按劳分配为主体、多种分配方式并存。坚持多劳多得，着重保护劳动所得，增加

---

① 十四大以来重要文献选编（上）［G］. 北京：人民出版社，1996：19.

② 中共中央关于建立社会主义市场经济体制若干问题的决定［M］. 北京：人民出版社，1993：19.

③ 习近平在看望参加政协会议的经济界委员时强调 坚持用全面辩证长远眼光分析经济形势 努力在危机中育新机于变局中开新局［N］. 人民日报，2020-05-24（1）.

④ 中共中央文献研究室. 习近平关于社会主义社会建设论述摘编［M］. 北京：中央文献出版社，2017：42.

⑤ 中共中央文献研究室. 习近平关于社会主义社会建设论述摘编［M］. 北京：中央文献出版社，2017：42.

劳动者特别是一线劳动者劳动报酬，提高劳动报酬在初次分配中的比重。健全劳动、资本、土地、知识、技术、管理、数据等生产要素由市场评价贡献、按贡献决定报酬的机制。健全以税收、社会保障、转移支付等为主要手段的再分配调节机制，强化税收调节，完善直接税制度并逐步提高其比重。完善相关制度和政策，合理调节城乡、区域、不同群体间的分配关系。重视发挥第三次分配作用，发展慈善等社会公益事业。鼓励勤劳致富，保护合法收入，增加低收入者收入，扩大中等收入群体，调节过高收入，清理规范隐性收入，取缔非法收入。”①党的十九届五中全会提出“十四五”时期的主要目标包括：“坚持按劳分配为主体、多种分配方式并存，提高劳动报酬在初次分配中的比重，完善工资制度，健全工资合理增长机制，着力提高低收入群体收入，扩大中等收入群体。完善按要素分配政策制度，健全各类生产要素由市场决定报酬的机制，探索通过土地、资本等要素使用权、收益权增加中低收入群体要素收入。多渠道增加城乡居民财产性收入。完善再分配机制，加大税收、社保、转移支付等调节力度和精准性，合理调节过高收入，取缔非法收入。发挥第三次分配作用，发展慈善事业，改善收入和财富分配格局。”②这些论述符合中国特色社会主义的社会性质以及社会主义初级阶段的发展阶段，符合我国生产资料所有制的要求，促进了公平与效率的有机统一，从三个层次构建了我国的分配体系，深刻体现了习近平新时代中国特色社会主义思想是马克思主义分配理论的最新发展。

1. 坚持与完善初次分配

初次分配在国民收入格局中起着决定性作用：“国民收入分配基本格

① 中共中央关于坚持和完善中国特色社会主义制度 推进国家治理体系和治理能力现代化若干重大问题的决定［N］. 人民日报，2019-11-06（5）.

② 中共中央关于制定国民经济和社会发展第十四个五年规划和2035年远景目标的建议［M］. 北京：人民出版社，2020：32.

局是由初次分配状况决定的，再分配只能起到修补作用，特别是保障低收入群体和弱势群体基本生活，很难根本上改变初次分配形成的国民收入分配格局。”[①]所以要促进国民收入中的公平正义，推进共同富裕的实现，就要从初次分配上着手。而对于初次分配，我们要深刻认识的是要坚持什么，完善什么。

我们要坚持多劳多得，着重保护劳动所得。劳动是一切成功的必由之路，劳动是创造价值的唯一源泉。中华人民共和国成立时，“新中国继承的是一个十分落后的千疮百孔的烂摊子，生产萎缩，交通梗阻，民生困苦，失业众多”[②]。即便是1952年底我国国民经济获得全面恢复之后，生产力水平仍然是异常低下，1954年毛泽东说道：“现在我们能造什么？能造桌子椅子，能造茶碗茶壶，能种粮食，还能磨成面粉，还能造纸，但是，一辆汽车、一架飞机、一辆坦克、一辆拖拉机都不能造。”[③]同时，我们面临着国际社会的帝国主义国家的封锁和威胁。在这样的情况下，中国人民通过艰苦奋斗，奠定了中国工业化的初步基础，取得了“两弹一星”的巨大成就，初步建立起比较完整的国民经济体系，人民生活水平有了明显提高。改革开放后，同样是在党带领全国人民的辛勤劳动下，我们创造了世所罕见的经济快速发展奇迹和社会长期稳定奇迹，中华民族迎来了从站起来、富起来到强起来的伟大飞跃。中国的崛起，是中国人民干出来的。所以，我们要坚持多劳多得，着重保护劳动所得，让劳动创造财富既成为我们的制度安排，也成为每一个人心中的信仰。同时，坚持多种分配方式并存，充分发挥按生产要素分配在激发社会创造力和经济活力，推动经济增质量、提效率、强动力方面的重要作用。

我们要完善什么？我们要增加劳动者特别是一线劳动者劳动报酬，提高

---

① 胡书东.初次分配公平是缩小收入差距的基石［J］. 红旗文稿，2013（4）：11-13.

② 中共中央党史研究室. 中国共产党历史：第二卷（1949-1978）上册［M］. 北京：中共党史出版社，2011：19.

③ 毛泽东. 毛泽东文集：第六卷［M］. 北京：人民出版社，1999：329.

劳动报酬在初次分配中的比重。改革开放以来，随着多种所有制经济的不断发展，多种分配方式在国民收入过程中起到了越来越重要的作用，这极大地提升了人民的生产积极性，增强了我国的经济活力，促进了我国生产力的发展。当前，我国社会的主要矛盾已经由“人民日益增长的物质文化需要同落后的社会生产之间的矛盾”转化为“人民日益增长的美好生活需要和不平衡不充分的发展之间的矛盾”，可以看出，解决“不平衡不充分的发展”成为当前发展的主要任务，既包括地域之间、行业之间、城乡之间不平衡不充分的发展，同时也包括按劳分配和按生产要素分配之间的不平衡不充分，有学者研究1990—2015年收入法核算的初次分配结构显示：“资本所得占比虽然在中期有所波动，但整体上呈明显上升趋势；劳动报酬占比从1998年到2007年基本处于下降状态，到2009 年有一个大幅反弹，随后又趋于下降。”①在这一情况之下，社会上的局部领域和部分层面出现了一些不良的收入分配现象，如一线劳动者的收入与高级管理人员的收入差距过大，在一些非实体经济领域（如房市）出现一些人员暴富的现象等，在实际生活中对人们关于劳动创造财富的信念造成影响，所以我们要“提高劳动报酬在初次分配中的比重。健全工资决定、合理增长和支付保障机制，完善最低工资标准和工资指导线形成机制，积极推行工资集体协商制度”②。在提高劳动收入比重的同时，“健全劳动、资本、土地、知识、技术、管理、数据等生产要素由市场评价贡献、按贡献决定报酬的机制”③，“完善按要素分配政策制度，健全各类生产要素由市场决定报酬的机制，探索通过土地、资本等要素使用权、收益权增加中低收入群体要素收入。”

① 潘华，谭永生.我国劳动报酬与资本收益结构失衡的原因分析及对策建议［J］. 中国物价，2018（8）：62-66.

② 中华人民共和国国民经济和社会发展第十四个五年规划和2035年远景目标纲要［N］. 人民日报，2021-03-15（12）.

③ 中共中央关于坚持和完善中国特色社会主义制度 推进国家治理体系和治理能力现代化若干重大问题的决定［N］. 人民日报，2019-11-06（5）.

2. 健全再分配机制

在坚持按劳分配为主体、多种分配方式并存的基础上，不断坚持和完善初次分配的同时，要不断健全再分配机制，要“健全以税收、社会保障、转移支付等为主要手段的再分配调节机制，强化税收调节，完善直接税制度并逐步提高其比重。完善相关制度和政策，合理调节城乡、区域、不同群体间分配关系”。加大税收、社会保障、转移支付等的调节力度和精准性。

第一，完善减税降费政策，构建有利于企业扩大投资、增加研发投入、调节收入分配、减轻消费者负担的税收制度。“十三五”期间，“全国新增减税降费累计超过7.6万亿元，累计办理出口退税7.07万亿元”①，减税降费政策有效地降低了企业成本，优化了营商环境，增强了企业的市场竞争力和创新能力。江西某企业负责人说道：“仅2017年我们就享受研发费用加计扣除300多万元，促进调整经营策略，重心逐步向研发转移，逐步由以往生产中低端产品向研发生产中高端产品转型，减税降负真是实实在在地为企业‘降成本、促发展’。”“十四五”期间，我国将继续巩固拓展减税降费成果，降低企业生产经营成本，提升制造业根植性和竞争力。

第二，坚持应保尽保原则，按照兜底线、织密网、建机制的要求，加快健全覆盖全民、统筹城乡、公平统一、可持续的多层次社会保障体系。习近平总书记强调：“社会保障是保障和改善民生、维护社会公平、增进人民福祉的基本制度保障，是促进经济社会发展、实现广大人民群众共享改革发展成果的重要制度安排，是治国安邦的大问题。”②我国社会保障事业取得举世瞩目的成就，“截至2018年底，我国基本养老、失业、工伤、生育保险参保人数分别达到9.43亿人、1.96亿人、2.39亿人、2.04亿人，基本医疗保险覆盖人数超过13亿人。这意味着，我国已建立起世界上规模最

---

① 2020年我国新增减税降费超2.5万亿元［N］. 光明日报，2021-01-10（3）.

② 习近平在中共中央政治局第二十八次集体学习时强调 完善覆盖全民的社会保障体系 促进社会保障事业高质量发展可持续发展［N］. 人民日报，2021-02-28（1）.

大、覆盖人群最多的社会保障制度体系。”[①]“十四五”期间，我国将改革完善社会保险制度、优化社会救助、健全退役军人工作体系和保障制度。

第三，完善财政转移支付制度，优化转移支付结构，规范转移支付项目。财政转移支付制度是现代财政制度的重要内容，是政府管理的重要手段。近年来，我国不断完善一般性转移支付、从严控制专项转移支付、规范专项转移支付分配和使用、逐步取消竞争性领域专项转移支付等，加快转移支付立法和制度建设，不断优化中央事权的、中央地方共同事权的、地方事权的转移支付结构，对于促进我国经济社会平衡性协调性、发展起到了重要的作用。

3. 重视发挥第三次分配作用

慈善事业“对于更好发挥第三次分配在国家治理中的作用，使改革发展成果更多更公平惠及全体人民具有重要意义”[②]。同时，慈善事业更是一种具有极强道德色彩和道德意义的事业，习近平总书记强调，慈善“是一种具有广泛群众性的道德实践”[③]。所以，加强慈善事业，是缩小贫富差距、实现分配的公平正义、走向共同富裕的重要分配方式。“十四五”期间，我国将促进慈善事业发展、完善财税等激励政策，规范发展网络慈善平台，加强彩票和公益金管理。

教学内容三：深化收入分配制度改革

随着我国社会主要矛盾转化为“人民日益增长的美好生活需要和不平衡不充分的发展之间的矛盾”，我国经济社会发展不平衡不充分的问题显化出来，体现在分配方面具体表现为“收入分配差距较大”[④]。所以要继续

---

① 共和国发展成就巡礼：社会保障托起稳稳的幸福［N］. 人民日报，2019-09-12（9）.

② 王晨. 深入贯彻实施慈善法 促进慈善事业健康发展［N］. 人民日报，2020-09-13（4）.

③ 习近平. 之江新语［M］. 杭州：浙江人民出版社，2007：252.

④ 中共中央关于制定国民经济和社会发展第十四个五年规划和2035年远景目标的建议［N］. 人民日报，2020-11-04（1）.

深化收入分配制度改革，深化收入分配制度改革要紧扣两个价值取向，一是幸福都是奋斗出来的；二是促进公平正义，走向共同富裕。

1. 幸福都是奋斗出来的

根据马克思主义的基本原理得知，商品的价值是凝结在商品的无差别的人类劳动，也就是说，劳动是创造财富的根本源泉。中国特色社会主义进入新时代，我们创造了经济持续快速发展和社会长期稳定两大奇迹，这两大奇迹正是在中国共产党的领导下，全国人民苦干实干奋斗出来的，正如习近平总书记所说强调的："社会主义是干出来的，新时代是奋斗出来的。"[①]当前，我们处于世界百年未有之大变局，处于实现第一个百年奋斗目标并乘势而上向第二个百年奋斗目标进军的关键时刻，是"船到中流浪更急、人到半山路更陡的时候，是一个愈进愈难、愈进愈险而又不进则退、非进不可的时候。改革开放已走过千山万水，但仍需跋山涉水，摆在全党全国各族人民面前的使命更光荣、任务更艰巨、挑战更严峻、工作更伟大。在这个千帆竞发、百舸争流的时代，我们绝不能有半点骄傲自满、固步自封，也绝不能有丝毫犹豫不决、徘徊彷徨，必须统揽伟大斗争、伟大工程、伟大事业、伟大梦想，勇立潮头、奋勇搏击"[②]。在当前的经济社会领域，出现了一些不良的现象，如所谓"无欲无求"的"佛系文化"，带有明显的颓废、悲观色彩的"丧文化"，虚荣心作祟、盲目攀比消费的"伪精致主义"，妄图一夜暴富的心态，某些资金脱实向虚的冲动等。解决这些经济社会领域存在的不良现象，在进行正确的教育、文化、政策等引导的同时，更要在分配制度改革方面通过"坚持多劳多得，着重保护劳动所得，增加劳动者特别是一线劳动者劳动报酬，提高劳动报酬在初次分配中的比重"等方式，既完善劳动创造价值、幸福是奋斗出来的分配机制，又充分发挥生产要素在经济发展中的重要

① 习近平.在全国劳动模范和先进工作者表彰大会上的讲话［M］. 北京：人民出版社，2020：4.

② 习近平.在庆祝改革开放40周年大会上的讲话［M］. 北京：人民出版社，2018：42.

作用，在学生中形成热爱劳动、勇于奋斗的价值取向，使其坚定为中华民族伟大复兴奋勇搏击的理想信念。

2. 促进公平正义，走向共同富裕

公平正义是中国共产党治国理政的重要价值追求，习近平总书记强调："全面深化改革必须以促进社会公平正义、增进人民福祉为出发点和落脚点……如果不能创造更加公平的社会环境，甚至导致更多不公平，改革就失去意义，也不可能持续。"[①]中国特色社会主义进入新时代，这是全国各族人民团结奋斗、不断创造美好生活、逐步实现全体人民共同富裕的时代。作为全面深化改革重要组成部分的分配制度改革，促进公平正义，走向共同富裕是其重要的价值指向。在分配制度改革中，要"加大中等收入群体，增加低收入者收入，调节过高收入，取缔非法收入。坚持在经济增长的同时实现居民收入同步增大中等收入群体，增加低收入者收入，调节过高收入，取缔非法收入。坚持在经济增长的同时实现居民收入同步增长、在劳动生产率提高的同时实现劳动报酬同步提高。拓宽居民劳动收入和财产性收入渠道。履行好政府再分配调节职能，加快推进基本公共服务均等化，缩小收入分配差距"[②]。

考核评价

大学思政课的考核，不在于知识点的掌握，而在于把握我国所有制的制度优势、制度优势与制度成效之间的必然联系及制度发展的必然方向。

---

① 中共中央文献研究室. 习近平关于社会主义社会建设论述摘编［M］. 北京：中央文献出版社，2017：28.

② 习近平.决胜全面建成小康社会 夺取新时代中国特色社会主义伟大胜利——在中国共产党第十九次全国代表大会上的报告［M］. 北京：人民出版社，2017：46–47.

所以考核方式应多样化，以开放式的主观题为主，与平时专题研究作业相结合，重点考察其思想认识、思维方式。就考核评价结果的形式，大学生思政课更适合三级制或者五级制考察。

参考文献

［1］马克思，恩格斯. 德意志意识形态［M］. 北京：人民出版社，2018.

［2］马克思，恩格斯. 共产党宣言［M］. 北京：人民出版社，2018.

［3］习近平. 毫不动摇坚持我国基本经济制度，推动各种所有制经济健康发展［M］//习近平. 习近平谈治国理政：第二卷. 北京：外文出版社，2017.

［4］习近平. 坚持党的领导、加强党的建设是国有企业的独特优势［M］//习近平. 习近平谈治国理政：第二卷. 北京：外文出版社，2017.

［5］习近平. 在民营企业座谈会上的讲话［R/OL］. 新华网，（2018-11-01）［2021-05-24］. http://www.xinhuanet.com/politics/leaders/2018-11/01/c_1123649488.htm.

［6］科学理解马克思主义所有制理论——访中国人民大学周新城教授［J］. 马克思主义研究，2018（4）.

［7］中共中央关于坚持和完善中国特色社会主义制度 推进国家治理体系和治理能力现代化若干重大问题的决定［N］. 人民日报，2019-11-06.

［8］中华人民共和国国民经济和社会发展第十四个五年规划和2035年远景目标纲要［N］. 人民日报，2021-03-13.

专题三

Topic 3

高质量发展的体制保障——社会主义市场经济体制

| 一体化设计目标及思路 |

社会主义市场经济体制是中国改革开放以来在经济领域所建立起的最重要的经济制度。2017年10月18日，习近平同志在十九大报告中指出，要加快完善社会主义市场经济体制。建立和完善社会主义市场经济体制，是当前中国进一步深化经济体制改革的一项重要内容，也是推动中国经济实现高质量发展的体制保障。

按照大中小学思想政治理论课一体化教学理念，本专题教学设计的逻辑思路如下。

小学段：小雅有大爱，文创售卖活动——初步体验商品买与卖等经济行为，了解最基础的社会主义市场经济现象和知识。

初中段：破译“价格”的密码——初步理解价格与成本的关系，懂得供求与价格的关系；初步了解社会主义市场经济的核心问题是政府与市场的关系。

高中段：“两只手”激发市场活力——正确认识社会主义市场经济体制的形成过程，弘扬企业家精神，积极承担社会责任，坚定中国特色社会主义道路自信、理论自信、制度自信、文化自信。

大学段：政府与市场相结合——深刻理解社会主义市场经济体制的理论渊源、形成过程和主要内容，运用社会主义市场经济体制的相关知识分析经济现象。

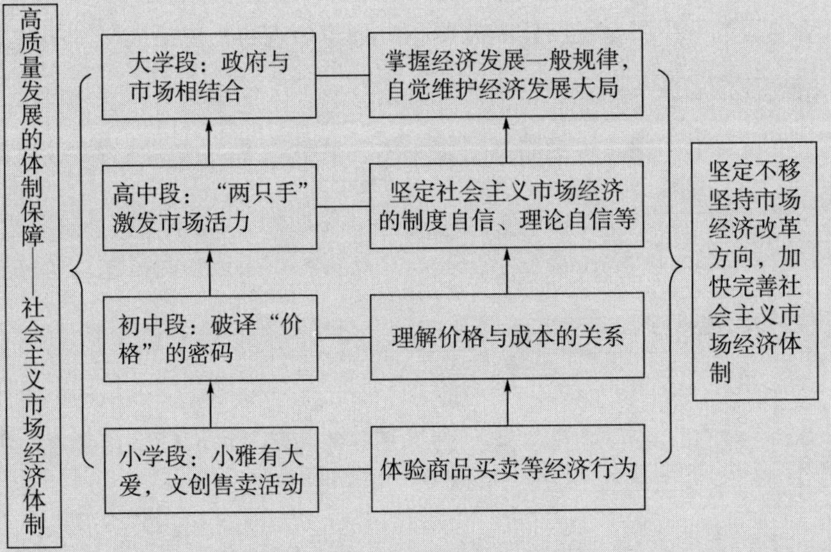
高质量发展的体制保障——社会主义市场经济体制
大学段：政府与市场相结合
掌握经济发展一般规律，自觉维护经济发展大局
高中段："两只手"激发市场活力
坚定社会主义市场经济的制度自信、理论自信等
初中段：破译"价格"的密码
理解价格与成本的关系
小学段：小雅有大爱，文创售卖活动
体验商品买卖等经济行为
坚定不移坚持市场经济改革方向，加快完善社会主义市场经济体制

小学段：小雅有大爱，文创售卖活动

活动目的

1. 树立劳动创造价值理念

学生在实践活动中尝试将自己的美术原创作品转换为商品，感受劳动创造价值，初步养成正确的劳动价值观，树立原创意识和知识产权的保护意识。

2. 社会主义市场经济初体验

通过线上线下的售卖活动，学生初步体验商品买与卖等经济行为，了解最基础的社会主义市场经济现象和知识；通过捐赠活动，增强学生的社会责任意识，引导学生树立正确的价值观。

学情分析

本学段学生身心特点：从文化基础看，小学生处在好奇心萌芽、感性认识发展的阶段，人文情怀和文化积淀还处于启蒙中；从社会参与看，小学生的社会交往和社会感知能力需要在教师和家长的保护与帮助下慢慢成长；从自主发展看，小学生有很多天真的创意，乐于尝试在活动体验中发现自己，快乐成长。

本学段学生将通过课堂课后的活动，进行美术原创，申请班级文创微店，进行线上线下销售体验，通过慈善公益进行对社会有益的行为。学生能快乐参与社会主义市场经济下商品的买卖过程，能在活动中理解和培养劳动创造价值的价值观和社会责任意识，对参与我国社会主义市场经济充满自豪感。

设计思路

1. 设计理念

学生集体创作《课间十分钟》，表现生机勃勃的班级精神面貌。然后把美术原创作品转化为文创设计产品，联系代工工厂进行生产。文创产品发布后，在线上和线下进行售卖，然后将售卖所得进行捐赠。在此活动体验中，学生感知劳动创造价值的快乐。

2. 思维导图

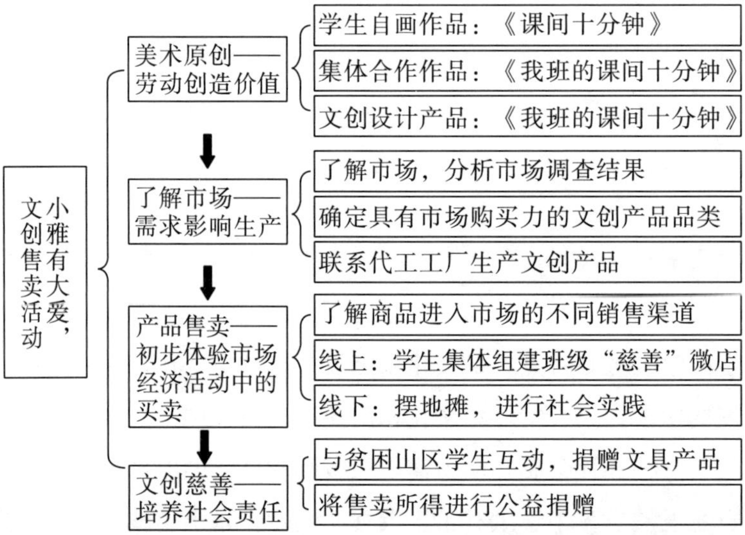

活动准备

1. 学生活动准备

课时一：学生准备铅笔、水彩笔。

作业要求：学生画一张表现自己在课间十分钟时的状态的美术作品。

课时二：引导学生讨论如何把每一位学生单独创作的作品拼成一张全班“课间十分钟”的艺术作品。

课时三：学生和设计师、商家沟通把班级艺术作品设计成班级文创商品（从艺术作品到产品设计草图）。

课时四：学习拍产品照的技巧、产品促销技巧、微店管理技巧。

课后准备：进行线上线下产品销售，公益慈善行。

2. 教师团队准备

美术教师、道德与法治教师、班主任是活动的引导者、管理者和咨询者。

支持一：导师团队（道德与法治教师、美术教师、班主任）课堂引导、课后指导、活动组织。

支持二：学校政策支持、场地支持、活动资金支持。

3. 家委会提供后勤保障

支持一：申请班级慈善微店，协助学生进行线上线下销售。

支持二：联系设计公司，帮助学生把文创作品变为产品。

支持三：联系物流公司，追踪文创产品销售过程中的物流进程。

支持四：协助教师购买活动所需物料。

支持五：管理班级项目公用资金。

活动实施

活动一：美术原创——劳动创造价值

活动目标

学生在这个环节中了解劳动创造价值，明白什么叫原创力。

活动步骤

（1）学生自画作品《课间十分钟》，在课堂上现场完成。

（2）集体合作作品《我班的课间十分钟》，在同学们自画作品的基础上，组装合作完成集体创作。

（3）设计文创产品设计图《我班的课间十分钟》，学生在教师的指导下，初步了解劳动可以创造价值，了解原创力的意义，形成初步的知识产权感知。

活动二：了解市场——需求影响生产

活动目标

在做市场调查的过程中学生了解什么叫商品，并初步体验到市场经济中买和卖的关系以及如何通过市场调查选择适合市场的产品。

活动步骤

（1）利用周末时间，组织学生与家长一起了解文具市场。

（2）引导学生进行市场调查讨论，并进行简单的市场分析，得出市场调查的结果。

（3）确定具有市场购买力的班级文创产品品类。

（4）在教师和家长的帮助下联系代工工厂，把产品设计稿转化为文创产品，了解工厂生产文创产品的过程和细节。

学生班级文创产品

活动三：产品售卖——初步体验市场经济活动中的买卖

活动目标

通过微店义卖实践活动，让学生感受商品交换等经济知识。

活动步骤

（1）让学生了解商品流入市场的过程，了解商品进入市场的不同销售渠道。

（2）线上：学生集体组建班级慈善微店。

（3）线下：在小区或公园摆地摊，进行社会实践。

活动四：文创慈善——培养社会责任

活动目标

学生通过义卖活动，学会用自己的力量来帮助同龄人，从小培养社会责任感和担当。

活动步骤

（1）了解山区贫困学生所需要的文具。

（2）建立与贫困山区学生交流互动的线上平台。

（3）捐赠文具产品。

（4）将售卖所得进行公益捐赠。

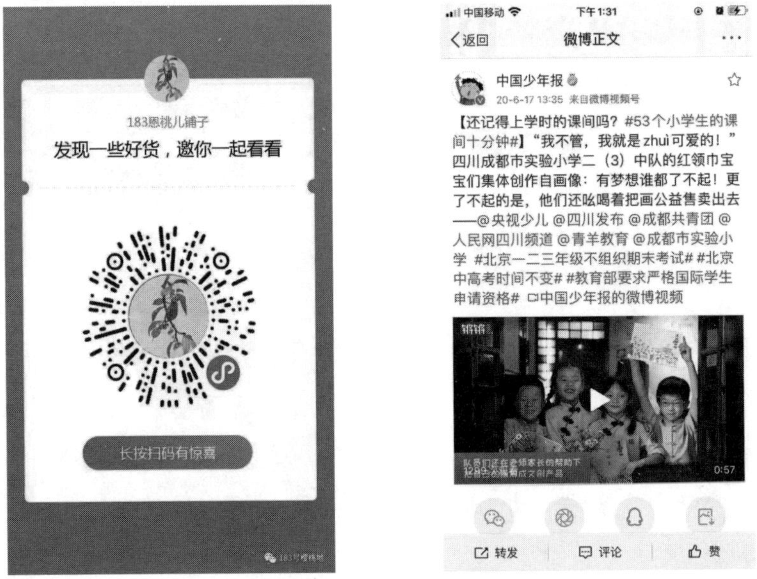

班级慈善微店和部分媒体报道

班级文创产品（“汉字美一天”日历）部分媒体报道

活动效果

1. 培养学生正确的劳动价值观，感受市场经济的基本知识

学生能感受劳动创造价值的内涵，初步养成正确的劳动价值观，树立原创意识和知识产权的保护意识，通过义卖募捐活动，增强社会责任意识。

学生能具备正确的金钱观念，在实践活动中尝试将自己的美术原创转换为产品，初步体验商品买卖等经济行为，了解基础的社会主义市场经济基本常识。

集体创作将有助于培育学生团结协作精神，在创作过程中，学生之间畅所欲言。

学生综合素质的提高不再仅依赖于课堂内的学习，课外的学习拓展更加锻炼学生的综合能力，极大地拓宽了学生的视野。

2. 活动让道德与法治教师和美术教师打破学科壁垒，跨越学科融合成为创新之举

因为要参与到班级文化建设中去，道德与法治教师、美术教师和班主任以及班集体联系更加紧密，师生关系融洽和谐、共同成长。

教师的教学思维模式变得更加开放和多维，不再是单一的教学模式和方法。

3. 一场家校共育，学校与家长项目合作的完美呈现

家校联系更为紧密，家长深度参与学校工作和教学，更加关心班级文化建设，与学校拧成一股绳，班务开展变得更加顺利，真正地实现了家校共育。

考核评价

评价项目	具体内容	评价等级			
		A	B	C	D
情感态度	1. 积极参与活动				
	2. 主动提出设想建议				
合作交流	1. 主动和同学配合				
	2. 乐于帮助同学				
	3. 认真倾听同学的观点和意见				
学习技能	1. 产品设计方案构思新颖独特				
	2. 产品促销方案细致周全、切实可行				
	3. 会用多种方法进行商品市场调查				
	4. 商品促销实践方法、方式多样				

续表

评价项目	具体内容	评价等级			
		A	B	C	D
实践活动	1. 积极动脑、动口、动手参与				
	2. 能够有一定的商品买卖谈判技巧				
	3. 能够有富含创意的商品促销技巧				
	4. 有简单的商品成本意识				
同学对我的评价：					
父母对我的评价：					
教师对我的评价：					
我对自己的评价：					

初中段：破译“价格”的密码

教学目标

1. 知识目标

通过本课学习，学生能初步理解价格与成本的关系，初步懂得供求与价格的关系，初步认识我国的社会主义市场经济体制具有的显著优势。

2. 能力目标

培养学生搜集、整理、分析社会经济现象的能力，培养学生运用科学的、理性的经济学观点正确认识和看待社会经济生活中各种现象的能力，使学生能结合经济运行中宏观调控的具体问题情景，提出更好发挥政府作用的建议，能够进一步领会社会主义市场经济体制的优越性。

3. 情感、态度和价值观目标

培养学生积极参与经济建设的主人翁意识，让学生感受到我国社会主义市场经济体制的显著优势，增强中国特色社会主义道路自信、理论自信、制度自信、文化自信，让学生对国家的未来发展充满信心。

重点难点

1. 教学重点

影响价格的因素、社会主义市场经济体制具有显著优势。

2. 教学难点

市场配置资源的方式。

学情分析

通过上一阶段的学习，学生已经尝试将自己的美术作品转化为价值，初步感受到劳动创造价值。通过体验线上线下的商品售卖活动，初步感受到商品买与卖等经济行为。本学段，学生的抽象思维开始形成，已具备一定的逻辑思维能力，但社会主义市场经济体制部分知识点与学生生活较远，学生理解起来相对困难。本课通过设置与学生自身相关的教学情景，列举贴近学生生活的情景材料，加深学生对本课知识内容的理解和运用，培养学生分析材料、解决问题的能力。

设计思路

1. 设计理念

本节课基于“教学内容活动化，活动设计内容化”的课程实施原则，立足教材和生活实际，展开教学。按照“实践感悟—认知分析—内化认同”的认知路径进行设计。第一，从学生的实际生活入手，从孩子们（初二学生）对自己培植的蔬菜该如何定价进行售卖开始，让学生初步理解价格与成本的关系，初步懂得供求与价格的关系。第二，通过直击生活——“部分农民种果树拼发展”这一现实问题切入，对部分农民不愿种粮的原因进行分析，引导学生理解市场配置资源的方式。第三，通过对“多难之年，我国粮食生产体现大国担当”的学习，让学生体会并认同社会主义市场经济体制具有显著优势——为我国经济高质量发展和人民生活水平提高提供坚实的制度保障。

2. 思维导图

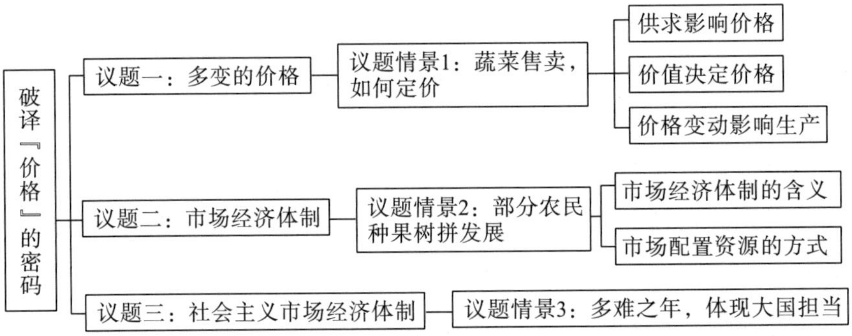

教学方法

议题探究法、情景教学法、比较分析法。

教学内容

教学内容一：多变的价格

1. 供求影响价格
2. 价值决定价格
3. 价格变动影响生产

教学内容二：市场经济体制

1. 市场经济体制的含义

2. 市场配置资源的方式

教学内容三：社会主义市场经济体制

实施方案

【导言】

资本主义社会的症结正是在于，对生产自始就不存在有意识的社会调节。合理的东西和自然必需的东西都只是作为盲目起作用的平均数而实现的。

——马克思

市场经济不能说只是资本主义的。市场经济，在封建社会时期就有了萌芽。社会主义也可以搞市场经济。

——邓小平

议题一：多变的价格

议题情景1：蔬菜售卖，如何定价

2020年9月，树德中学光华校区初2019级的同学们从市场上购买了青菜、萝卜、大蒜、小葱等菜种，在学校“菁莪园”各自班级的一畦菜地上播种，经过同学们两个月的精心培植，11月15日，蔬菜成熟了。同学们将各类蔬菜细心包装捆扎，分类摆放，为即将开始的菁莪园蔬菜义卖活动做好准备。今年天干少雨，市场蔬菜供应少于往年。

同学们围绕“价格”设置问题，展开探究。

议学活动

（1）蔬菜如何定价才不吃亏？

（2）消费者需求大小如何影响价格？

（3）为了获利能随意涨价吗？

（4）蔬菜大卖对同学们的种植积极性有何影响？

议学总结

（1）蔬菜定价应体现购买蔬菜种子的成本和两月以来同学们精心培植蔬菜所付出的劳动才能不吃亏。

（2）蔬菜的需求多，购买者竞相购买，供不应求时，主要是消费者竞争，为了得到他们心仪的蔬菜，他们愿意出更高的价格，必要时可适当提高价格。如果消费者需求少，供过于求时，主要是生产者（各班）竞争，为顺利销售出去商品，必要时销售者应适当降价。

（3）不能脱离市场价格随意定价或涨价，消费者会货比三家，过高的定价会使蔬菜滞销。

（4）如果蔬菜大卖，价格上涨，将刺激各班级再生产（种植）的积极性。这时，既是机遇，因为价格高，获利丰厚；又是挑战，因为扩大生产可能会导致供过于求，价格下跌，获利减少，甚至亏本。

教学内容一：多变的价格

1. 供求影响价格

当商品供不应求时，买者竞购，价格上涨；当商品供过于求时，卖者竞售，价格下降。

2. 价值决定价格

虽然价格的变动受到供求关系的影响，但价格最终是由价值决定的。商品是劳动产品，商品的价值是由劳动形成的。价值是价格的基础，价格是价值的货币表现。商场里各种商品的价格高低不等，首先是因为它们所含的价值量不同，在其他条件不变的情况下，商品的价值量越大，价格越高；商品的价值量越小，价格越低。

3. 价格变动影响生产

当市场上某种商品供过于求时，该商品价格下降，生产者获利减少，这时，生产者会压缩生产规模，减少产量。当商品供不应求时，该商品的价格上涨，生产者获利增加，这时，生产者会扩大生产规模，增加产量。

议题二：市场经济体制

议题情景2：部分农民种果树拼发展

近年来，走在部分农村能看到大片果林蓬勃发展，这是为什么呢？原来是因为市场上的水果需求量增大。据中国农业信息网的数据，2020年以来我国鲜果价格上涨42.7%，苹果均价创下近十年新高，因此，部分农村迷恋上种果树拼发展，但这在一定程度上影响部分地区种菜种粮。首先，与水果相比，就价格来说，粮食价格低；就成本来说，粮食的成本相对较高，因为果树一旦栽植成活，每年仅需养护，就能收获果实，付出的成本相对较少。其次，我国农业智能化依然没有完全普及，部分地区的农民种植技术还有待提高。最后，随着经济发展水平的不断提高，农民在外就业机会增多，外出打工一天的收入远超在家务农的收入。2020年一季度，我国从国外进口大豆781.4万吨，金额218.8亿元，每斤大豆进口价格大概是1.4元左右，而目前国内市场上普通大豆单价是两块多钱。

议学活动

（1）农民种果树拼发展的原因有哪些？这说明市场是如何配置资源的？

（2）有人说："国外粮食价格较低，我们应该增加粮食进口，减少国内粮食生产。"对此你怎么看？

（3）维护我国的粮食安全还能怎么做？

议学总结

（1）农民种果树拼发展的原因：水果需求大、价格高，收益高；种粮成本高、价格偏低，收益低；国外粮食销售竞争大。归根结底，价格、竞争、供求是影响农民选择的原因。这也说明市场是通过价格机制、供求机制、竞争机制实现资源配置；同时告诉我们面对无形的竞争，商品生产者、经营者会在利益的驱动下，积极调整生产经营活动，通过推动科学技术和经营管理进步，促进劳动生产率提高，从而在竞争中处于优势地位，同时，在一定程度上实现社会资源的优化配置。水果市场需求增大、价格价格上涨，有利可图，因此多地农村投入了人、财、力种果树拼发展。

（2）过度依赖进口粮食，会进一步削弱中国农民的竞争力。粮食问题是人类生存的底线问题，是国家经济发展的底线问题，是社会维持稳定的底线问题。全球的粮食安全问题仍然没有得到全面解决，我们的吃饭问题不能受制于人。

（3）维护我国的粮食安全，除市场可以调配资源外，政府也可以调配资源。第一，提高粮食收购价格。充分考虑农资（种子、肥料等）市场价格的涨幅情况，确保粮食回收最低价格能够和种地成本形成等值对比，能够让农民对于种地放心，能够最大限度保障农民的种地效益。第二，降低种粮成本。加大农田水利基础设施建设投入，调整完善粮食价格形成机制和农业支持保护政策，给予种粮农民直接补贴，降低农民的种粮成本。第三，发展绿色天然粮食，走优质优价之路让农民有利可图。很大一部分农民的种植观念和想法技术还很陈旧，落后的种地技术让他们不能适应现在的市场经济环境，要从根本上改变农民的种植想法，让农民从单纯的种植农作物向种植经济农作物跨越。对于新兴的无公害和纯绿色天然粮食，农民近乎一无所知，而天然有机粮食是未来农民增收的重要途径。第四，建立政府财政支农资金稳定投入增长机制，促进农业稳步发展等。

教学内容二：市场经济体制

1. 市场经济体制的含义

市场经济体制是市场在资源配置中起决定性作用的经济体制。

2. 市场配置资源的方式

（1）市场配置资源主要是通过价格、供求、竞争等机制来调节的。如图：

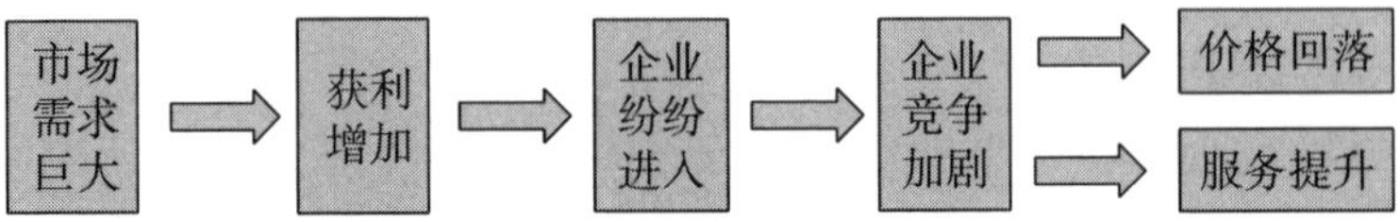

①价格机制是市场机制的核心，是引导资源配置的指示器。在市场经济条件下，生产者以追求自己利益最大化为目的。为了追求利润，生产者总是通过观察价格的涨落来了解市场供求行情的变化，以合理地安排生产经营活动。就生产什么来看，如果某种商品的价格下降，商品生产者获利减少，这时生产者会压缩生产规模，减少产量。当某种商品的价格上涨，商品生产者获利增加，这时生产者会扩大生产规模，增加产量。就如何生产而言，生产者也是通过观察生产要素市场的价格变化，来考虑如何选择最合理的生产方式与技术，即选择能够使生产成本最小化的生产方式与技术。如果某种生产要素的价格相对于其他生产要素的价格出现下降，为了降低成本，生产者在生产中会增加更便宜的要素的使用，减少昂贵要素的使用。就为谁生产而言，在市场经济条件下，谁出的价格高，生产者就为谁生产，并把产品卖给谁。如此，商品价格的变动会引导生产要素在不同的生产部门之间流动。

②市场供求及其变化，能够影响市场价格，也受到市场价格的影响。生产者根据供求的变化，不断调整生产经营活动，使人、财、物在全社会配置。

③竞争是市场活动的灵魂。通过买方之间、卖方之间、买卖双方之间围绕价格和质量方面的较量，社会资源不断向效益高、持续发展的领域集中。

总之，在市场经济中，好像有一只“看不见的手”，引导市场主体的行为，实现资源的配置。有必要注意的是，要通过供求机制、价格机制实现对资源的合理配置，必须保证市场是经过充分竞争的，否则价格信号就不能准确地反映市场供求和变动状况与资源稀缺状况，失真的价格信号也必然导致资源的错误配置。

（2）市场机制图示如下：

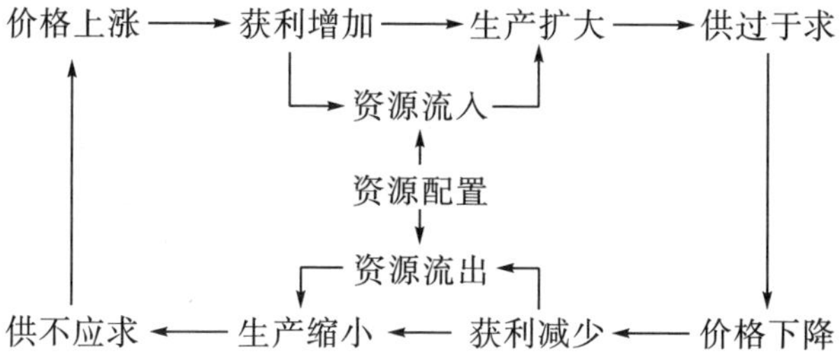

议题三　社会主义市场经济体制

议题情景3：多难之年，体现大国担当

端牢中国饭碗，在2020年有着特殊意义。春耕备耕时遇到“新冠疫情关”，对粮食生产和加工等造成一定影响，国际粮食市场的变动等外部因素更是引发人们对粮食安全问题的高度关注。在春耕生产的关键节点，中央及时印发了《当前春耕生产工作指南》，分区分级恢复春季农业生产秩序；政府严格落实稻谷、小麦最低收购价，大力抓好市场化收购，严查各类违法违规行为；受疫情影响，中央财政在预算紧张的情况下，统筹整合资金40多亿元支持双季稻生产，继续保持玉米、大豆生产者补贴资金，及时下拨重大病虫害防控资金和农业生产救灾资金。根据国家统计局2020年12月10日发布的消息，2020年我国粮食再度获得丰产，连续6年维持1.3万亿斤以上，而且在2020年如此艰难的情况下，比2019年增收113亿斤。这样的数据实在是来之不易，所谓粮稳天下安！国家粮食获得丰产，也给国人吃了一颗定心丸。（摘编自国家统计局、智研咨询）

议学活动

某同学应邀参加国际青少年交流活动，拟以“确保粮食安全的中国经验”为题，运用“社会主义市场经济体制”的相关知识，撰写一份发言提纲。要求：围绕主题，论点明确，论据充分，逻辑清晰；学术语言使用规范；字数200左右。

议学总结

粮食市场=市场调节+国家科学调控

（1）充分发挥市场在粮食资源配置中的决定作用。推进粮食市场经济，放开市场、放开经营，调节供求关系，优化粮食供给。

（2）更好地发挥政府的作用，对粮食生产经验进行科学宏观调控。第一，发表《中国的粮食安全》白皮书注重规划引领。从不同层面制订目标、明确措施，引领农业现代化、粮食产业以及食物营养的发展方向，多维度维护国家粮食安全。第二，深化粮食收储制度和价格形成机制改革。防止出现“谷贱伤农”和“卖粮难”，先后实施最低收购价收购、国家临时收储等政策性收购。收购价格由国家根据生产成本和市场行情确定，收购的粮食按照市场价格销售。进一步降低政策性收购比例，实现以市场化收购为主。同时，抓好市场化收购，严查各类违法违规行为。第三，发挥粮食储备重要作用。合理确定中央和地方储备功能定位，中央储备粮主要用于全国范围守底线、应大灾、稳预期，是国家粮食安全的“压舱石”；地方储备粮主要用于区域市场保应急、稳粮价、保供应，是国家粮食安全的第一道防线。同时，建立政府财政支农资金稳定投入增长机制，促进农业稳步发展。

教学内容三：社会主义市场经济体制

我国社会主义市场经济体制把社会主义制度和市场经济有机结合起

来，充分发挥市场在资源配置中的决定性作用，更好发挥政府作用，进行科学宏观调控，激发各类市场主体的活力，为人民对美好生活的需求提供保障。

资源链接

1. 国务院新闻办公室2019年10月14日发布的《中国的粮食安全》白皮书提出：中国粮食市场更加开放

《中国的粮食安全》白皮书介绍，中国粮食市场更加开放。涉粮外资企业加工转化粮食数量、产品销售收入不断增加，2018年分别占到全国的14.5%、17%。白皮书介绍，外资企业进入中国粮食市场的广度、深度不断拓展，在食用植物油、粮食加工转化等领域的份额不断增长，并向粮食收购市场、批发零售和主食品供应等方面延伸，成为促进中国粮食产业发展的重要力量。白皮书说，中国严格按照加入世界贸易组织的承诺，取消了相关农产品进口配额和许可证等非关税措施，对小麦、玉米、大米实施进口关税配额管理，大幅度削减其他粮食品种的进口关税。进一步放宽农业领域外商投资准入限制，除中国稀有和特有的珍贵品种、转基因品种之外，将外商投资种业的限制范围缩减为小麦、玉米，取消农产品收购、批发的外商投资准入限制。白皮书介绍，中国在确保国家粮食安全的前提下，认真遵守世界贸易组织规则并履行中国加入世界贸易组织的相关承诺，积极与世界主要产粮国分享中国巨大的粮食市场。2018年，包括大豆等油料和饲料在内的粮食进口总量为11555万吨，出口总量366万吨，分别比1996年增长944.8%、171.1%。进口总量中大豆8803万吨；谷物及谷物粉进口2047万吨，占当年世界谷物贸易量的4.9%。

2. 推进种植结构调整，增加绿色优质粮油产品供给

据《中国的粮食安全》白皮书介绍，从中长期看，中国的粮食产需仍将维持紧平衡态势，确保国家粮食安全这根弦一刻也不能放松。从需求形势看，随着经济社会发展，人均口粮消费将稳中略降，饲料和工业转化用粮消费继续增加，粮食消费总量刚性增长，粮食消费结构不断升级。白皮书提出，稳定谷物种植面积，因地制宜发展薯类、豆类、杂粮等作物。大力发展强筋弱筋小麦、优质稻谷、青贮及专用玉米、高油高蛋白大豆等，通过优质优价促进农民增收。继续实施“优质粮食工程”和“中国好粮油”行动计划，服务绿色农业发展和“健康中国”建设，大力增加绿色优质粮油产品供给。白皮书说，增强农业科技创新能力，提高粮食生产水平。强化农业基础研究，全面升级节水灌溉、农机装备、农药研制、肥料开发、加工储运、循环农业等应用技术。强化种业科技创新，突破种质创新、新品种选育、高效繁育和加工流通等核心技术。强化技术集成创新，攻克影响作物单产提高、品质提升、效益增加、环境改善的技术瓶颈。推进农业机械化和农机装备产业转型升级，依靠科技手段和农艺农技应用，增加粮食供给，提升粮食品质。

3. 坚持“一二三四五”，大力发展粮食产业经济

2019年10月14日下午，国务院新闻办公室举行《中国的粮食安全》白皮书发布会。国家发展改革委党组成员、国家粮食和物资储备局局长张务锋在回答记者提问时介绍，随着粮食综合生产能力稳步提升，消费者的粮油消费已经由“吃得饱”向“吃得好”转变，迫切需要大力发展粮食产业经济。近年来，全国各级各有关部门认真落实党中央、国务院决策部署，探索创造了许多好的经验和做法。

聚焦“一个目标”。以“坚持‘粮头食尾’和‘农头工尾’，实现高质量发展、建设粮食产业强国”为目标。

服务“两大战略”。服务国家粮食安全战略和乡村振兴战略，推动粮

食精深加工转化，带动一二三产业有机融合，推动实现更高质量的粮食供求平衡。

坚持“三链协同”。第一，延伸粮食产业链，增强产业完整性；第二，提升粮食价值链，提高附加值；第三，打造粮食供应链，构建高效便捷的粮油供应网络。

建设“四大载体”。四大载体是：优质粮食工程、示范市县、示范园区、骨干企业。深入实施优质粮食工程，支持一批示范市县，建设一批示范园区，扶持发展一大批核心竞争力强、行业带动力强的骨干企业和成长性好“专精特新”的中小企业。

实施“五优联动”。在发展粮食产业经济、建设粮食产业强国的过程中，把“优”字贯穿到“产购储加销”五个环节，着力提高粮食产业发展质量和效益，实现优粮优产、优粮优购、优粮优储、优粮优加、优粮优销。

考核评价

采用过程性评价和实践性评价（课堂表现与课外综合素质能力拓展相结合）。

（1）社会调查。结合企业经营活动，调研一个你熟悉的商品的生产和销售情况，说明市场在资源配置中如何发挥决定性作用。

（2）搜集案例。探究成都市政府应该如何随着成都宏观经济形势的变化进行合理宏观调控，并撰写一篇小论文。

（3）查阅走访。通过查阅成都政府网站或走访政府有关部门，了解党的十八大以来我国宏观政策的变化和实施效果，并以“新时代的宏观调控”为题，做一份小报。

高中段：“两只手”激发市场活力

教学目标

学生能正确认识社会主义市场经济体制的形成过程，充分理解合理配置资源、提高资源的利用效率，既离不开市场这只“看不见的手”，也离不开政府这只“看得见的手”。学生能初步根据市场信号，分析国家宏观调控政策，进行创业实践体验活动。学生能在创业实践体验活动中弘扬企业家精神，积极承担社会责任，为坚定中国特色社会主义道路自信、理论自信、制度自信、文化自信奠定基本认知和理论基础。

重点难点

1. 教学重点

（1）使市场在资源配置中起决定性作用。

（2）怎样建设现代市场体系。

（3）政府的经济职能。

2. 教学难点

市场决定资源配置的过程及其积极作用。

学情分析

通过上一个阶段的学习，学生已经了解社会主义市场经济体制下影响价格的因素，理解劳动能够创造价值；初步认识了我国社会主义市场经济体制的显著优势，对我国的社会主义市场经济体制发展前途充满信心。

本学段学生身心特点：从文化基础看，学生的理性思维逻辑推理能力、人文情怀和文化积淀进一步发展；从社会参与看，学生的实际问题解决意识、实践创新能力、社会责任感与国家认同感进一步提高；从自主发展看，学生的自主学习能力、深度学习意识进一步增强。

本学段学生将通过组建学生公司，体验公司的生产和运营，提升对社会责任的理解。学生能正确认识社会主义市场经济体制的形成过程，充分理解社会主义市场经济如何合理配置资源，提高资源的利用效率。学生能在创业实践体验活动中弘扬企业家精神，积极承担社会责任。

设计思路

1. 设计理念

本部分内容的基本任务是回答“经济高质量发展的体制保障——社会主义市场经济体制”这个问题。首先，从学生的实际经济生活切入，学生通过创办学生公司的创业实践体验活动，理解市场在资源配置中如何起决定性作用、如何完善现代市场体系、怎样充分发挥政府的作用等相关基础知识。其次，教师引导学生进一步深入理解社会主义市场经济的基本特征：坚持党的领导是重要特征，社会主义制度与市场经济有机结合，共同富裕是根本目标，科学的宏观调控、有效的政府治理是内在要求。最后，使学生懂得我国政府的经济职能和作用，理解科学的宏观调控，尤其是理解财政政策和货币政策的作用。

2. 思维导图

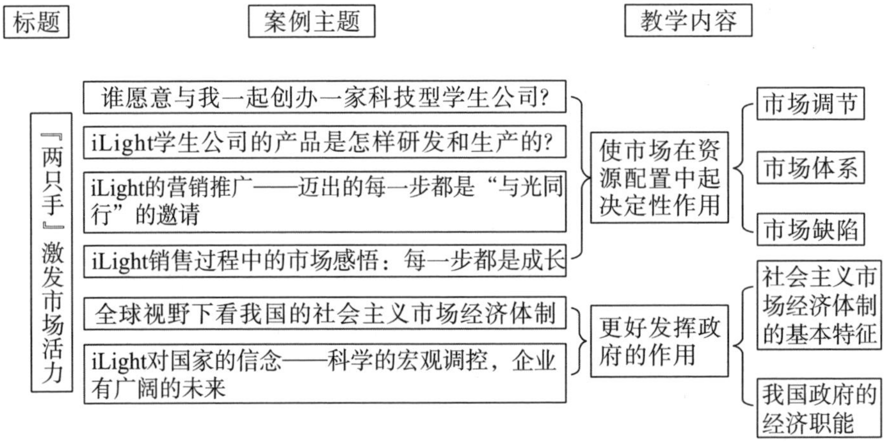

教学方法

情境探究法、项目式学习法、案例分析法、实践体验法。

教学内容

教学内容一：使市场在资源配置中起决定性作用

1. 市场调节

2. 市场体系

3. 市场缺陷

教学内容二：更好发挥政府的作用

1. 社会主义市场经济体制的基本特征

2. 我国政府的经济职能

实施方案

我们的日常经济生活，离不开产品。消费与生产实际上是通过“产品”作为载体在进行资源配置的。人们的需要多种多样，相对于人们的无限需要，资源总是有限的。合理配置资源，提高资源的利用效率，离不开市场这只“看不见的手”，也离不开政府这只“看得见的手”。我国要加快完善社会主义市场经济体制，坚持党的领导，充分发挥市场在资源配置中的决定性作用，更好发挥政府作用，激发各类市场主体活力，为经济高质量发展提供体制保障。

教学内容一：使市场在资源配置中起决定性作用

1. 市场调节

议题情景1：谁愿意与我一起创办一家科技型学生公司？

第一次上“学生公司”的选修课，李洋发出了创办公司的邀请。有七个同学积极回应了他，与他围坐在一起。有人可能是因为他提到的“科技公司”四个字，觉得“高大上”；有人可能是因为他的主动与温和，得到了一种值得信任的感觉；有人可能是因为与他熟悉，知道他是个“学霸”而看好他的前景。但不管是哪种情况，共同的原因都是想为社会进行价值创造，并获得利润。

八人成立了创业团队，根据自己的兴趣和优势分工，李洋担任首席执行官（CEO）和技术总监，张颖担任首席运营官（COO）和生产部经理，张程担任市场部经理，颜如担任创意设计总监，唐嫣担任策划部经理，马濛担任人力资源管理（HR），陆璐担任首席财务官（CFO），文悦担任营销部经理。一个创业团队就这样成立了。选举李洋为CEO兼研发部经理。（以上姓名均为化名）

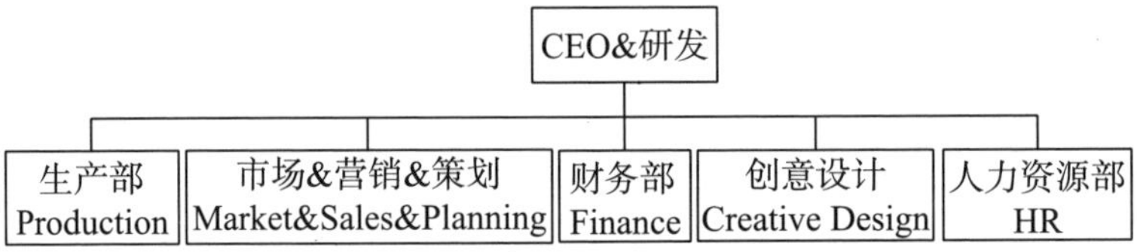

大家将公司命名为：iLight，是一家生产太阳能产品的科技公司。公司的理念是：与光同行；采撷自然之光，解决生活之需；开启心灵之光，共同创造和追求。公司的Logo是这样的：

iLight公司将要生产什么产品呢？iLight所有创业团队的同学将进行市场调研，用心发现“生活中的痛点”，寻找iLight公司产品的研发方向。

同学们在课后调查中带回了调查结果，一阵头脑风暴后，iLight锁定了产品：太阳能便携灯。因为同学们在寝室熄灯断电之后缺乏照明，生活不便，太阳能便携灯可以解决日常之需。同时，这种灯也可以解决老年人的夜间需要，满足户外露营者的需求。大家很兴奋地发现，现在市场上缺少同类产品，竞争处于一片“蓝海”，在价格上容易有盈利的空间。

得知此事，李洋的爷爷感慨说："改革开放以前，我国实行的是计划经济体制，生产什么产品由国家统一统筹。"

李洋的爸爸说："改革开放以后，我国实行的是社会主义市场经济体制，市场调节起决定性作用，更好发挥政府作用。"

议学活动

（1）你有兴趣创办一家公司吗？创办一家公司需要哪些资源呢？

（2）社会主义市场经济体制下，企业是以什么为导向生产产品的呢？

议学总结

（1）创办公司需要的资源有：资金、技术、人力等。

（2）社会主义市场经济体制下，企业以市场为导向，生产适销对路的产品。

我们每天消费的产品和服务，主要是由企业提供的。企业是指以营利为目的而从事生产经营活动，向社会提供商品或服务的经济组织。我国的企业采取三种组织形式：个人企业、合伙制企业和公司制企业。我国的法定公司形式是股份有限公司和有限责任公司。

1）资源配置

企业生产产品需要利用各种生产要素，这些生产要素就是资源。企业获得资源的方式取决于社会对资源的配置方式。

人类的需要是多种多样、不断变化的，而在一定时期和范围内，社会能够加以利用的资源相对于人类的需求是有限的。在资源总量一定的前提下，用于生产某种产品的资源增加，用于生产其他产品的资源就会减少。

需求的无限性与资源的有限性的矛盾如何解决呢？为了更好地满足人类的多方面需要，社会必须尽可能对资源进行合理配置，以尽可能少的资源投入生产尽可能多的产品，获得尽可能大的效益。

2）社会主义市场经济体制的形成过程

计划和市场是配置资源的两种基本手段。如果计划在资源配置中起决定性作用，就是计划经济体制；如果市场在资源配置中起决定性作用，就是市场经济体制。改革开放以前，我国实行的是计划经济体制；改革开放以后，我国逐步建立了社会主义市场经济体制。

1992年，党的十四大明确提出建立社会主义市场经济的改革目标后，党对市场作用的认识经历了以下阶段。

1992年，党的十四大提出使市场在资源配置中起基础性作用；2002年，党的十六大提出在更大程度上发挥市场在资源配置中的基础性作用；2007年，党的十七大提出从制度上更好发挥市场在资源配置中的基础性作用；2012年，党的十八大提出更大程度更大范围发挥市场在资源配置中的基础性作用；2013年，党的十八届三中全会提出使市场在资源配置中起决定性作用和更好发挥政府作用。

在我国，社会主义市场经济蓬勃发展，作为生产者的企业，生产什么、如何生产和为谁生产，主要是通过价格的涨落以及供求的变化即由市场来调节的。哪种商品在市场上好卖，人们就扩大生产；哪种生产要素的价格昂贵、供应紧张，人们就减少这种要素的使用。

议题情景2：iLight学生公司的产品是怎样研发和生产的？

李洋运用物理学、材料学等知识，画出了iLight公司产品的原型设计，一款太阳能便携灯。这款太阳能便携灯的外形是一个小灯笼，顶端有一块太阳能板。李洋在网上购买原材料，自己组装了样品，耗费了很多心血。产品超出了好些同学的想象，同学们拍案叫绝。

唐嫣是iLight学生公司的策划部经理，她设计了市场调查问卷，例如是否有太阳能便携灯的消费意愿、价格区间、产品外观等方面。公司所有成员发放、回收问卷并进行了问卷分析。

在分析问卷和听取大家意见反馈的基础上，iLight公司进行了样品迭代，三代创新，最终以第三代产品申请了国家的一项实用型专利。

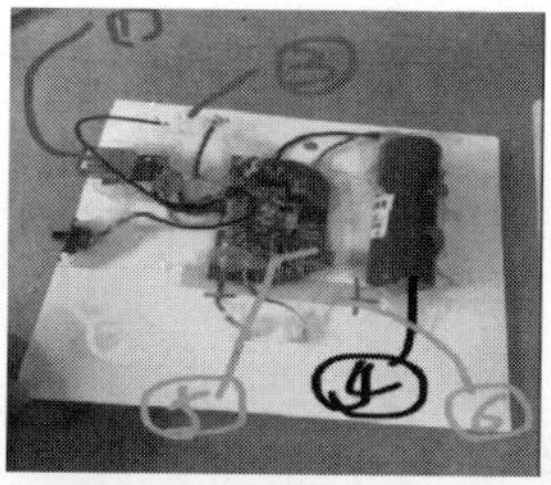

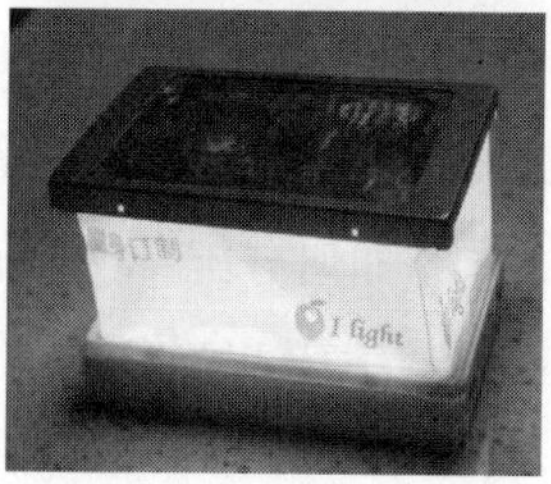

与供应商打交道的过程是iLight公司经历的最大考验。张颖是iLight学生公司的生产部经理，从样品到产品，需要寻找合适的供应商来进行生产。她带领同学们如同大海捞针般挑选供应商：有的供应商因为学生公司资金量小而不屑一顾，有的供应商因为成本、技术、时间、正规与否等谈不成合作。然而功夫不负有心人，最终，她联系到了福建的一家供应商生产iLight学生公司的产品。

议学活动

（1）如果iLight学生公司的太阳能便携灯价格远远高于市场上的同类产品，你会买吗？为什么？请用曲线图表示价格、供给、需求之间的关系。

（2）结合实例，分析商品价格的变化如何影响资源配置。

议学总结

价格、供给、需求之间的关系如下图：

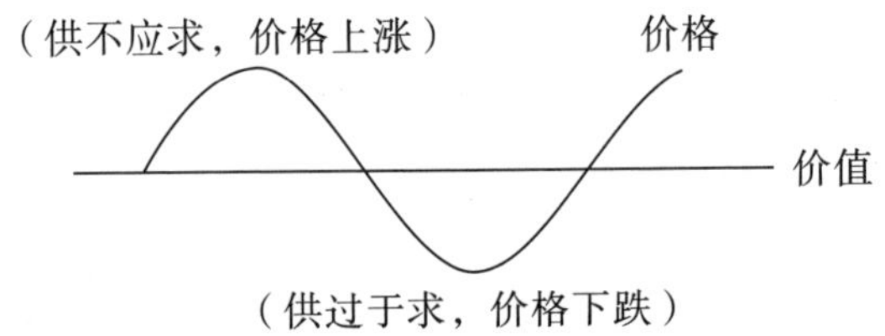

3）市场决定资源配置的过程是怎样发生的

市场决定资源配置是市场经济的一般规律。在市场经济中，生产什么、如何生产、产品如何分配，主要通过价格、供求、竞争等机制来调节。市场机制就像一只“看不见的手”，引导和调节着资源在全社会的配置。

4）市场决定资源配置的积极作用

在瞬息万变的经济生活中，市场价格能够反映供求状况及其变化，市场供求的变化也会影响市场价格，市场竞争能够引导资源流向效率高的领域和企业，推动科学技术和经营管理进步，实现优胜劣汰。

2. 市场体系

议题情景3：iLight的营销推广——迈出的每一步都是“与光同行”的邀请

在供应商生产iLight产品时，大家开始准备iLight学生公司的营销计划书，同学们准备通过四个渠道进行产品的营销推广：校内校外投放宣传资料，微信公众号进行文章推广，接受《成都商报》和新浪微博等媒体的采访，成立“提灯者社区”进行线上线下的品牌推广。

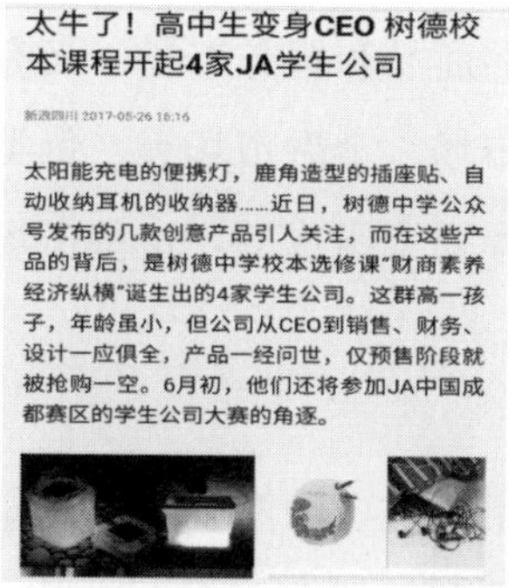

太牛了！高中生变身CEO 树德校本课程开起4家JA学生公司

新浪四川 2017-05-26 16:16

太阳能充电的便携灯，鹿角造型的插座贴、自动收纳耳机的收纳器……近日，树德中学公众号发布的几款创意产品引人关注，而在这些产品的背后，是树德中学校本选修课“财商素养经济纵横”诞生出的4家学生公司。这群高一孩子，年龄虽小，但公司从CEO到销售、财务、设计一应俱全，产品一经问世，仅预售阶段就被抢购一空。6月初，他们还将参加JA中国成都赛区的学生公司大赛的角逐。

马濛担任HR，利用假期招募iLight学生公司的微型代理，推出“财富微创造——微型代理活动”并进行销售培训。

营销部经理文悦在iLight校内新品发布会取得圆满成功后，现场进行产品预售。她接受同学建议，线上开了淘宝店。恰逢学校各年级召开期末家长会，iLight的成员分别到不同的班级给家长们做了项目展示并进行预售，第一批产品几乎全部预售完毕。在预售火爆的同时，iLight发放投资说明书，以筹集更多资金发展公司。股东人数增加至36人，内外投资总额：18420元。

议学活动

iLight公司需要和哪些市场打交道？这些市场之间有什么联系？

议学总结

公司需要与原材料市场（购买各种零配件）、消费品市场（销售自己的产品）、供应商市场（寻找代工工厂）等市场打交道。这些市场是影响公司发展的外部条件，彼此相互联系。

1）市场体系的含义

在我们的生活中，既有每天都要打交道的商品和服务市场，又有各种各样的生产要素市场，如劳动力市场、土地市场、金融市场等。每类市场都是由交易双方、交易对象、交易价格等基本要素组成的。这些市场相互作用，形成有机联系的市场体系。

2）加快形成现代市场体系的重要性

统一开放、竞争有序的市场体系，是使市场在资源配置中起决定性作用的基础。要加快形成企业自主经营、公平竞争，消费者自由选择、自主消费，商品和要素自由流动、平等交换的现代市场体系，提高资源配置效率和公平性。

议题情景4：iLight销售过程中的市场感悟：每一步都是成长

张程、文悦及其他同学在销售iLight太阳能便携灯的过程中，发现销售中的“囚徒困境”是普遍存在的。销售的过程是买卖双方博弈的过程，想要单方面利益最大化往往做不成生意，不如各退一步，彼此妥协、彼此受益。

iLight学生公司在产品销售中总体顺利，但也遇到了一点小挫折。例如周末在销售产品时，销售的产品数量及总额与实际营业收入之间有时会有出入，有的消费者提前拿走了产品，却又没有付费。在街头体验式销售时，曾遇到了粗暴驱赶他们的人。淘宝店进行线上销售时，有的消费者反复要他们解释技术参数等问题；有的消费者还不停地“砍价”，说是“货比三家”……

iLight学生公司及时进行了总结，对自身的疏忽和可能遇到的市场情况做了预案。同学们纷纷感慨：现代市场体系的完善非常重要。

议学活动

（1）你认为现代市场体系的完善需要具备哪些条件？

（2）你认为市场调节是万能的吗？

议学总结

统一开放、竞争有序的现代市场体系，是使市场在资源配置中起决定性作用的基础。现代市场体系的完善需要法律法规、市场规则、社会信用制度等做保障。

市场调节不是万能的，市场调节有局限性，它存在着自发性、盲目性、滞后性等弊病。

3）怎样建设现代市场体系

建设现代市场体系要建立公平、开放、透明的市场规则。

没有规矩不成方圆，就像体育竞赛离不开竞赛规则一样，良好的市场运行需要公平、开放、透明的市场规则来维护。

要完成公平竞争制度，强化竞争政策基础地位，落实公平竞争审查制度，加强和改进反垄断和反不正当竞争执法。

要健全社会征信体系，褒扬诚信，惩戒失信；要健全优胜劣汰市场化退出机制，从而实现市场准入畅通、市场开放有序、市场竞争充分、市场秩序规范。

建设现代市场体系要完善主要由市场决定价格的机制。凡是能由市场形成价格的都交给市场，政府不进行不当干预。政府定价主要限定在重要公共事业、公益性服务、网络型自然垄断环节等方面。政府定价要提高透明度，接受社会监督。

3. 市场缺陷

1）市场调节不是万能的

市场调节不是万能的。国防、治安、消防等公共物品的供给不能由市场来调节，枪支、弹药、爆炸物等特殊商品的制造和流通也不能由市场来调节，教育、医疗等与民生息息相关的重要服务不能完全由市场来调节，否则就不能保障国家安全、人民生命财产安全和人民生活，严重影响社会安定。

2）市场调节有局限性

市场调节有局限性，它存在着自发性、盲目性、滞后性等弊病。在市场经济中，为了自身不正当利益和眼前利益，生产经营者可能会损害社会的公共利益和长远利益，甚至可能会损害国家利益。由于生产经营者不可能完全和及时掌握市场上的所有信息，因而其决策必然带有一定的盲目性。由于从价格形成、价格信号传递到生产的调整有一定的时间差，市场调节往往具有滞后性。

3）单靠市场调节的后果

单靠市场调节，会影响资源配置效率，导致资源浪费；会导致经济运行大起大落，社会经济不稳定；会产生不正当竞争、垄断，损害社会公平；会导致收入差距拉大。

教学内容二：更好发挥政府的作用

1. 社会主义市场经济体制的基本特征

议题情景5：全球视野下看我国的社会主义市场经济体制

iLight学生公司在全国学生公司大赛中荣获了“JA中国年度学生公司”，并参加了2017年在北京举办的JA亚太区学生公司大赛。张颖、张程、马濛、文悦代表中国学生公司做项目展示，与来自日本、印度、韩国、新加坡、关岛、印度尼西亚、马来西亚等二十多个国家和地区的学生公司进行了广泛交流。比赛间隙，各国的学生同游北京南鼓楼巷，共同分享学生创业的感受，结下了深厚的友谊。这些国家和地区的同学对中国基础设施的发达、政府对环保产业的政策支持、中国发展的奇迹等的印象很深刻，对中国鼓励创新创业的环境非常赞叹。张颖、张程、马濛、文悦等中国学生内心充满了对中国特色社会主义市场经济体制的道路自信、制度自信、文化自信。

议学活动

我国的社会主义市场经济体制有哪些制度优势？

议学总结

我国社会主义市场经济体制的制度优势是：坚持中国共产党的领导，把社会主义制度和市场经济有机结合起来，以促进全体人民实现共同富裕为目标，以科学的宏观调控、有效的政府治理为内在要求。

社会主义市场经济体制是中国特色社会主义的重大理论和实践创新，是社会主义基本经济制度的重要组成部分。

1）坚持党的领导是重要特征

坚持党的领导，发挥党总揽全局、协调各方的领导核心作用，是我国社会主义市场经济体制的一个重要特征。

我国是共产党领导的社会主义国家，党的领导是中国特色社会主义最本质的特征和中国特色社会主义制度的最大优势。党团结带领人民进行改革开放的伟大革命，破除阻碍国家和民族发展的一切思想和体制障碍，开辟了中国特色社会主义道路，使中华民族迎来了从站起来、富起来到强起来的伟大飞跃。

2）社会主义制度与市场经济有机结合

在我国，把社会主义制度和市场经济有机结合起来，既能发挥市场经济的长处，又能发挥我国社会主义制度的显著优势。

3）共同富裕是根本目标

促进全体人民实现共同富裕是社会主义市场经济体制的根本目标。

公有制为主体、多种所有制经济共同发展，按劳分配为主体、多种分配方式并存，使得社会主义市场经济体制既能调动劳动者和各类市场主体的积极性和创造性，促进效率提高，又能避免两极分化，让全体人民共享发展成果。

4）科学的宏观调控、有效的政府治理是内在要求

科学的宏观调控、有效的政府治理，是保持社会主义市场经济体制优势的内在要求。

社会主义市场经济体制能够通过更好发挥政府作用，把人民的当前利益与长远利益、局部利益与整体利益结合起来，发挥全国一盘棋，调动各方面积极性，集中力量办大事的显著优势，促进经济社会持续健康发展。

2. 我国政府的经济职能

议题情景6：iLight对国家的信念——科学的宏观调控，企业有广阔的未来

iLight学生公司在北京三里屯进行销售实践活动时，社会上有两家大公司来找iLight学生公司商量合作事宜，公司创业团队的所有同学在CEO主持下开会研究。大家一致认为，我国现在对中小企业的扶持力度很大，比如税收优惠、信贷优惠等，尤其是iLight作为一家绿色科技公司，符合国家产业政策支持的方向。同学们决定高考结束以后，再考虑公司的进一步发展。所以，他们拒绝了合作邀请。

议学活动

（1）搜集案例，探讨我国政府如何营造有效激发企业活力的外部环境。

（1）查阅资料，梳理我国政府激发企业活力的主要做法，分析这些做法是如何激发企业活力的。

1）我国政府的经济职能和作用

（1）通过实施国家重大发展战略和中长期经济社会发展规划制度，实现经济社会发展目标。

（2）通过实施宏观经济政策，保持宏观经济稳定。

（3）通过实施产业政策，促进产业结构不断优化升级，增强国民经济竞争力。

（4）通过实施区域政策和环境政策，推动区域经济协调发展和可持续发展。

（5）通过市场监管、质量监管、安全监管，规范市场秩序，保障公平竞争，弥补市场缺陷。

（6）通过加强和优化公共服务，保障社会公平正义，促进共同富裕，更好满足人民日益增长的美好生活需要。

2）科学的宏观调控

（1）宏观调控的含义：宏观调控是指国家综合运用各种手段对经济总量进行调节和控制。

（2）宏观调控的主要目标：促进经济增长、增加就业、稳定物价、保持国际收支平衡。

3）财政政策和货币政策

（1）怎样运用财政政策和货币政策实现国民经济平稳运行。

国家根据财政收入与支出政策，通过公开市场业务、存款准备金、中央银行贷款等货币政策工具，调节社会总需求，实现国民经济平稳运行。

（2）财政政策和货币政策的不同类型。

财政政策和货币政策按照政策力度的不同，可以分为不同的类型，例如扩张性政策和紧缩性政策等。

在不同的经济形势下，政府可以选择财政政策和货币政策的不同组合，例如积极的财政政策和稳健的货币政策组合等，以实现宏观调控目标。

我国要加快完善社会主义市场经济体制，充分发挥市场在资源配置中的决定性作用，更好发挥政府作用，激发各类市场主体活力，为经济高质量发展提供体制保障。

资源链接

1. SWOT态势分析法

所谓SWOT分析，即基于内外部竞争环境和竞争条件下的态势分析。具体是指将与研究对象密切相关的各种主要内部优势、劣势和外部的机会、威胁等，通过调查列举出来，并依照矩阵形式排列，然后用系统分析的思想，把各种因素相互匹配起来加以分析，从中得出一系列相应的结论，而结论通常带有一定的决策性。

S（strengths）是优势、W（weaknesses）是劣势，O（opportunities）是机会、T（threats）是威胁。按照企业竞争战略的完整概念，战略应是一个企业"能够做的"（即组织的强项和弱项）和"可能做的"（即环境的机会和威胁）之间的有机组合。

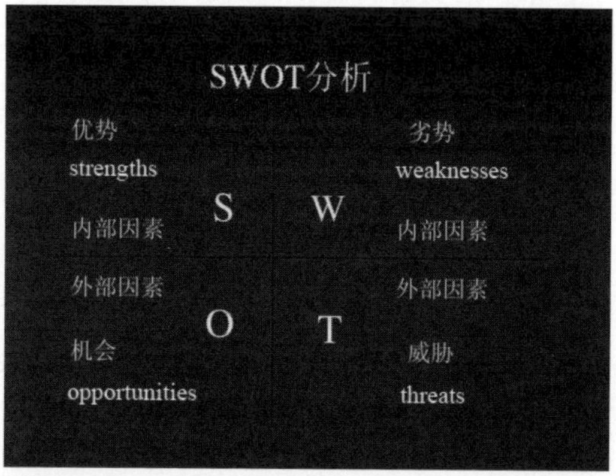

2. 波特五力模型

波特五力模型是迈克尔·波特（Michael Porter）于20世纪80年代初提出的。在《竞争战略》中，他认为行业中存在着决定竞争规模和程度的五种力量，这五种力量综合起来影响着产业的吸引力以及现有企业的竞争战略决策。五种力量分别为同行业内现有竞争者的竞争能力、潜在竞争者进入的能力、替代品的替代能力、供应商的讨价还价能力与购买者的议价能力。

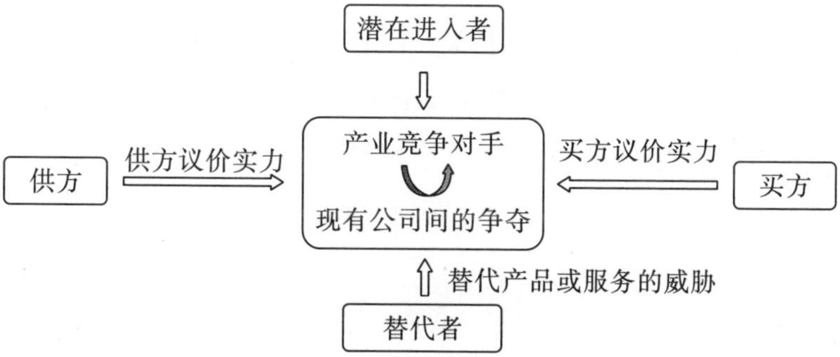

3.《中华人民共和国反垄断法》

2020年11月10日，国家市场监管总局发布《关于平台经济领域的反垄断指南（征求意见稿）》公开征求意见的公告，目的是预防和制止平台经济领域垄断行为，加强和改进平台经济领域反垄断监管，保护市场公平竞争，维护消费者利益和社会公共利益。

《中华人民共和国反垄断法》

第三条　本法规定的垄断行为包括：

（一）经营者达成垄断协议；

（二）经营者滥用市场支配地位；

（三）具有或者可能具有排除、限制竞争效果的经营者集中。

第四条　国家制定和实施与社会主义市场经济相适应的竞争规则，完善宏观调控，健全统一、开放、竞争、有序的市场体系。

第五条　经营者可以通过公平竞争、自愿联合，依法实施集中，扩大经营规模，提高市场竞争能力。

第六条　具有市场支配地位的经营者，不得滥用市场支配地位，排除、限制竞争。

4. JA学生公司大赛

青年成就（Junior Achievement，简称JA）创立于1919年，在全球100多个国家，每年为超过1000万名青少年提供课程及活动。JA中国创立于1993年，作为连接企业界和教育界的桥梁，一直致力于研发和实践高质量的体验性课程，在职业构建、责任创业和金融素养等方面提升学生的综合素质，激励和培养他们以品格和能力在全球经济中成功。“学生公司”是JA的创业实践课程，JA还每年举办学生公司大赛。

考核评价

模拟市场创业活动，进行项目式学习。过程性评价与终结性评价相结合。

（1）填写过程性评价评分表格。

	品格成长	知识运用	能力水平	创业素养
优秀				
良好				
合格				

（2）终结性评价：以完成模拟创业活动、参加学生公司大赛的获奖情况等进行综合评分。

参考文献

［1］海因茨·韦里克，哈罗德·孔茨. 管理学全球化视角：第十一版（英文版）［M］. 马春光，译. 北京：经济科学出版社，2004.

［2］迈克尔·波特. 竞争战略［M］. 陈小悦，译. 北京：华夏出版社，2005.

大学段：政府与市场相结合——新时代加快完善社会主义市场经济体制的必然要求

教学目标

知识方面，通过本章内容的学习，学生能够把握社会主义市场经济理论的形成过程，深刻理解社会主义市场经济体制的理论渊源、形成过程和主要内容，理解社会主义市场经济体制对实现社会主义现代化的意义。能力方面，通过本章内容的学习，学生能够运用社会主义市场经济体制的相关知识正确分析经济领域的热点、焦点、难点问题，加深对党的路线方针政策的科学理解和高度认同。

重点难点

1. 教学重点

（1）社会主义市场经济体制的理论渊源。

（2）社会主义市场经济体制的形成和发展过程。

（3）社会主义市场经济体制的主要内容。

2. 教学难点

社会主义市场经济体制的理论渊源。

学情分析

通过上一阶段的学习，学生已经初步了解社会主义市场经济体制的形成过程，明白了“让市场在资源配置中起决定性作用，更好发挥政府的作用”这一决策的内涵和意义，并且能够初步根据市场信号，分析国家宏观调控政策。对弘扬企业家精神，积极承担社会责任有初步的认识。

本学段学生的身心特点：学生正处于增长知识才干的关键时期，一方面已经掌握了较为丰富的社会主义市场经济理论知识，具备了一定的理论分析能力；另一方面在对各种经济发展模式的判断上仍具有较强的可塑性，应当及时加以引导。

本学段将从马克思主义的基本原理出发，在详细介绍社会主义市场经济体制形成的理论渊源的基础上，进一步梳理改革开放以来中国特色社会主义市场经济体制形成和发展的整个过程，以及不同时期党和国家对社会主义市场经济体制理论和实践的不断丰富和发展。在此基础上，从所有制结构、分配结构等多个方面分析现阶段社会主义市场经济体制的具体内容，力求让学生在该阶段对中国特色社会主义树立理论自信、道路自信、制度自信、文化自信。

设计思路

1. 设计理念

社会主义市场经济体制的形成和发展离不开社会主义市场经济相关理

论的支撑，本学段教学设计基于马克思主义的基本原理，从社会主义市场经济体制形成的理论渊源入手，分析计划和市场的关系，进而梳理改革开放以来中国社会主义市场经济体制形成和发展的历史进程，最后从七个方面叙述现阶段社会主义市场经济体制的具体内容。

2. 思维导图

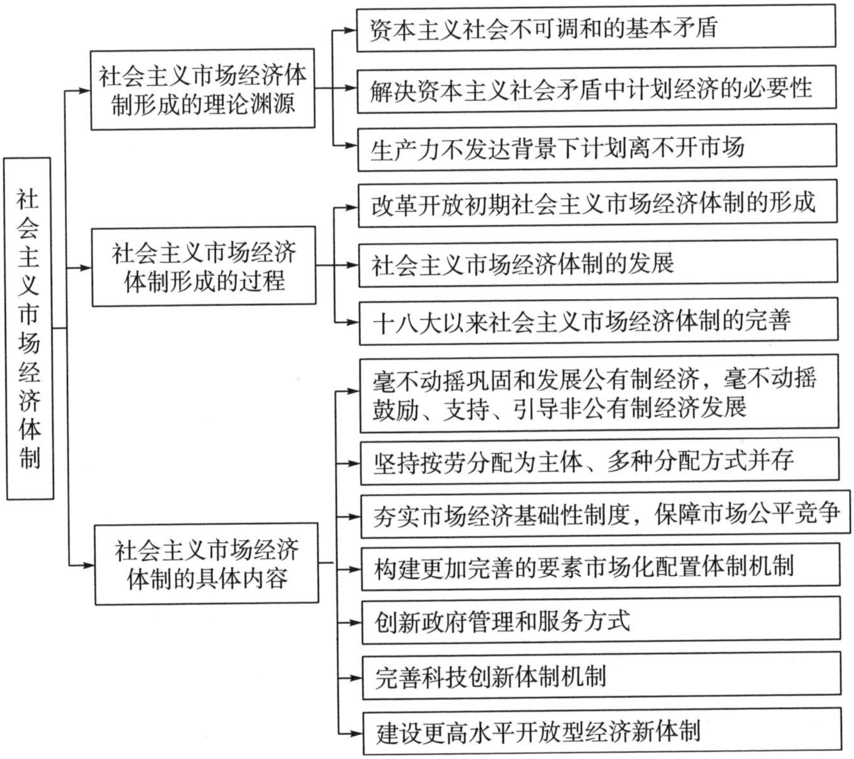

教学方法

案例式教学法、讨论式教学法、引导分析法和讲授教学法。

教学内容

教学内容一：社会主义市场经济体制形成的理论渊源

1. 资本主义社会不可调和的基本矛盾

2. 解决资本主义社会矛盾中计划经济的必要性

3. 生产力不发达背景下计划离不开市场

教学内容二：社会主义市场经济体制形成的过程

1. 改革开放初期社会主义市场经济体制的形成

2. 社会主义市场经济体制的发展

3. 十八大以来社会主义市场经济体制的完善

教学内容三：社会主义市场经济体制的具体内容

1. 毫不动摇巩固和发展公有制经济，毫不动摇鼓励、支持、引导非公有制经济发展

2. 坚持按劳分配为主体、多种分配方式并存

3. 夯实市场经济基础性制度，保障市场公平竞争

4. 构建更加完善的要素市场化配置体制机制

5. 创新政府管理和服务方式

6. 完善科技创新体制机制

7. 建设更高水平开放型经济新体制

实施方案

教学内容一：社会主义市场经济体制形成的理论渊源

1. 资本主义社会不可调和的基本矛盾

实践总是以理论为先导。社会主义市场经济体制的形成也需要科学理论的指导。改革开放以来，社会主义市场经济理论的提出为社会主义市场经济体制的形成提供了坚实的理论指导。

从理论上看，社会主义市场经济体制是在扬弃计划经济体制和资本主义市场经济体制的基础上形成的。因此，我们要了解社会主义市场经济的形成，首先应当认识和了解计划经济体制的弊端。那么，什么是计划经济呢？而我国在新中国成立后为什么要实行计划经济呢？

计划经济相对于市场经济，是指一种不同于市场经济的，高度集中的的社会经济体系，是马克思主义经典理论家为了解决资本主义经济制度中存在着的不可调和的基本矛盾而提出的解决方案。

而资本主义的基本矛盾又是什么呢？马克思认为，资本主义的基本矛盾是生产社会化与资本主义生产资料私有制之间的矛盾。具体而言：

①表现在消费上是生产无限扩大的趋势与劳动人民购买力相对缩小的矛盾；

②表现在生产上是个别企业中生产的有组织性与整个社会生产的无政府状态的矛盾；

③表现在阶级关系上是资产阶级与无产阶级的矛盾。

这里有一个非常重要的概念，就是社会化大生产。所谓社会化大生产，是指随着资本主义生产的发展，资本主义企业的规模越来越大，企业之间的联系越来越紧密，现代化程度也越来越高。大量商品的生产，都需要许多人共同使用生产资料，许多工序相互衔接，许多企业相互配合才能进行。同时，用整个社会的人力、物力、财力等方面的资源，需要有计划地通过统一的市场进行合理的配置，生产过程管理的科学化程度也越来越高。生产的社会化，主要表现在生产的集中、生产规模的扩大和生产部门之间的相互协作及彼此的依存上。

但是，资本主义社会的一个重要特征就是生产资料私人占有，社会大部分的财富掌握在少数人手里，他们通过各种方式榨取剩余价值。由于生产出来的产品要被大部分人消费，但财富掌握在少数的资本家手中，资本家只消费少量的产品，所以经过一段时期，产品就会出现滞销，而且会越积越多。这样，一些企业就会倒闭，为这些企业提供原材料的工厂随之倒闭，从而导致整个社会生产的瘫痪，甚至形成经济危机，也被称为资本主义周期性经济危机。

这就是资本主义不可调和的基本矛盾，同时也是社会主义必然代替资本主义的主要依据。而计划经济，顾名思义是有规划、计划发展经济。通过有计划地协调社会化大生产，把国民经济各部门联结成为一个有机的整体，使它们之间保持一定的比例关系，从而避免了市场经济发展的盲目性、不确定性以及随之给社会经济发展造成的危害。如：重复建设、企业恶性竞争、工厂倒闭、工人失业、地域经济发展不平衡、社会经济危机等问题。

2. 解决资本主义社会矛盾中计划经济的必要性

马克思、恩格斯运用他们所创立的辩证唯物主义理论，从分析和揭示资本主义经济发展的基本矛盾及其规律出发，批判地继承空想社会主义关于有计划发展社会经济的思想，建立了科学的计划经济理论，并且把它与未来社会联系起来，指出这是未来社会经济形式的重要特征。马克思曾指出：“要想得到和各种不同的需要量相适应的产量，就要付出各种不同的和一定量的社会总劳动量。这种按一定比例分配社会劳动的必要性，决不可能被社会生产的一定形式所取消，而可能改变的只是它的表现方式。自然规律是根本不能取消的。在不同的历史条件下能够发生变化的，只是这些规律借以实现的形式。”[①]

恩格斯也曾表达过，随着社会化大生产的发展，生产资料终将由社会占有，而那时“社会生产内部的无政府状态，将为有计划的自觉的组织所代替”，“社会力量完全像自然力一样，在我们还没有认识和考虑到它们的时候，起着盲目的、强制的和破坏的作用。但是，一旦我们认识了它们，理解了它们的活动、方向和作用，那么，要使它们越来越服从我们的意志并利用它们来达到我们的目的，就完全取决于我们了。这一点特别适用于今天的强大的生产力。……当人们按照今天的生产力终于被认识了的本性来对待这种生产力的时候，社会的生产无政府状态就让位于按照社会总体和每个成员的需要对生产进行的社会的有计划的调节。”[②]

正因如此，新中国成立之后，我国通过“一化三改造”，建立了社会主义经济制度，同时也在我国确立了计划经济体制。

议题情景1：计划经济的标志性产物——票证经济

我国计划经济时期，在商品供应极为匮乏的年代，国家为了保障供需平衡，对城乡居民的吃穿用等生活必需品，实行计划供应，按人口定量发行了粮票、布票等专用购买凭证，这些凭证通称为“票证”。

① 马克思，恩格斯. 马克思恩格斯选集：第四卷［M］. 北京：人民出版社，1995：580.

② 马克思，恩格斯. 马克思恩格斯选集：第二卷［M］. 北京：人民出版社，1995：112.

计划经济体制有以下几个特征：

①社会主义公有制经济占主导地位。社会主义公有制，是指生产资料属于全体人民或劳动者集体所有的形式。社会主义公有制有社会主义全民所有制和社会主义集体所有制等形式。社会主义公有制是社会主义区别于其他社会形态的最主要的标志之一，也是社会主义优越性的根本所在。

②国家对经济活动采取直接的指令性行政管理。计划经济一般是政府按事先制订的计划，提出国民经济和社会发展的总体目标，制定合理的政策和措施，有计划地安排重大经济活动，引导和调节经济运行方向。纳入指令性计划的产品一般由国家直接调拨分配，纳入指令性计划的经济活动国家可以直接干预。指令性计划一经下达，各级计划执行单位就必须坚决完成。

③经济决策权高度集中。经济活动决策权高度集中于国家手中，几乎所有的经济决策都集中于中央一级，经济运行过程是通过自上而下的指令性计划和行政命令来推动。

④分配方式上采取按劳分配。

不可否认的是，20世纪50年代，计划经济体制在我国社会主义经济建设中发挥了重要的作用。在整个国民经济实力低下的情况下，我国能够集中主要力量开展以156个重大项目为中心的工业建设，比较迅速地建立起社会主义工业化的初步基础，并在此基础上初步建立了独立的比较完整的工业体系和国民经济体系。这些成就的取得是与这一体制所发挥的作用分不开的。

3. 生产力不发达背景下计划离不开市场

既然计划经济体制在调节社会化大生产方面有显著的优势，那么高度集中的计划经济体制为什么又走不通呢？原因就在于，马克思和恩格斯在《共产党宣言》里也提到的共产主义社会和社会主义公有制是建立在生产力水平高度发达，资本主义内部生产社会化与资本主义生产资料私有制之间的矛盾不可协调的背景下实现的，而反观多数社会主义国家，它们大多是在生产力不发达的情形下建立社会主义公有制和计划经济体制的。

改革开放的总设计师邓小平也曾指出“现在虽说我们也在搞社会主义，但事实上不够格”[①]。意思就是说，我国不是一个以发达的工业资本主义国家，而是一个以农业为主的人口众多的国家变成社会主义的，没有符合马克思要求的在发达资本主义国家建立社会主义的条件。所以必须有一个准备和打基础的时期，以此来发展生产力，增强人民生活水平，提高我国综合国力。等到条件具备，生产力达到一定水平，才逐步实行社会主义的各项制度，最终实现共产主义。

计划经济固然有其优势，但在生产力不发达的情况下，绝不能忽视市场经济的作用。由于单一的、高度集中的计划经济体制完全排斥市场经济，完全忽视了市场机制在资源配置中的作用，严重违背了经济发展的一般规律，最终导致计划经济体制走向僵化，导致人民生活水平低下、生产力退步和国力衰弱。

教学内容二：社会主义市场经济体制形成的过程

改革开放后的很长一段时期内，我国经济体制改革的核心问题是如何正确认识和处理计划与市场的关系。传统观念认为，计划经济是社会主义的基本特征，市场经济则是资本主义特有的东西。在经济建设实践中，市场和计划的矛盾愈益显现出来，成为深化社会主义经济体制改革面临的主要问题。

1. 改革开放初期社会主义市场经济体制的形成

1978年至1983年，提出了“计划经济为主、市场调节为辅”的改革思

① 邓小平. 邓小平文选：第三卷［M］. 北京：人民出版社，1993：225.

想。早在1979年，邓小平对社会主义与市场经济关系进行了深入的探索。邓小平指出："说市场经济只存在于资本主义社会，只有资本主义的市场经济，这肯定是不正确的。社会主义为什么不可以搞市场经济，这个不能说是资本主义。"[①]"市场经济，在封建社会时期就有了萌芽。社会主义也可以搞市场经济。"[②] 1982年，在党的十二大上，"计划经济为主，市场调节为辅"被正式确立为经济体制改革的指导思想。

1984年至1986年，提出了有计划的商品经济理论。1984年，党的十二届三中全会通过了《中共中央关于经济体制改革的决定》，提出了社会主义经济是"公有制基础上有计划的商品经济"的论断，第一次肯定了商品经济是社会主义的内在属性，突破了传统的社会主义经济模式把商品经济同社会主义计划经济对立起来的思想束缚。邓小平高度评价了这个决定，认为是"马克思主义基本原理和中国社会主义实践相结合的政治经济学"。他说，全世界都在评论，认为这是中国共产党的勇敢创举。

1987年至1992年，提出了社会主义商品经济理论。1987年，邓小平在党的十三大召开之前说过："为什么一谈市场就说是资本主义，只有计划才是社会主义呢？计划和市场都是方法嘛。只要对生产力有好处，就可以利用。它为社会主义服务，就是社会主义的；为资本主义服务，就是资本主义的。"[③]1987年，党的十三大进一步发展了有计划商品经济的理论，明确指出：社会主义商品经济与资本主义商品经济的区别不在于市场与计划的多少。社会主义商品经济应该是计划与市场内在统一的体制，计划与市场的作用都是覆盖全社会的，计划调节与市场调节应有机结合。1992年初，邓小平在著名的南方谈话中把这一问题讲得更加简明和更加深刻。他说："计划多一点还是市场多一点，不是社会主义与资本主义的本质区别。计划经济不等于社会主义，资本主义也有计划；市场经济不等于资本

① 邓小平. 邓小平文选：第二卷［M］. 北京：人民出版社，1994：236.
② 邓小平. 邓小平文选：第二卷［M］. 北京：人民出版社，1994：231.
③ 邓小平. 邓小平文选：第三卷［M］. 北京：人民出版社，1993：367.

主义，社会主义也有市场。计划和市场都是经济手段。”①

1992年以后，提出了社会主义市场经济理论，确立了社会主义市场经济体制的改革目标。1992年，党的十四大根据改革开放实践发展的要求和邓小平关于社会主义也可以搞市场经济的思想，特别是1992年初南方谈话的精神，正式把建立社会主义市场经济体制作为我国经济体制改革的目标确定下来，并在此基础上较系统地阐述了社会主义市场经济的基本特征。

2. 社会主义市场经济体制的发展

党的十四届三中全会又在总结十四大以来改革开放实践经验的基础上，通过了《中共中央关于建立社会主义市场经济体制若干问题的决定》，勾画了建立社会主义市场经济体制的蓝图和基本框架；把党的十四大确定的经济体制改革的目标和基本原则加以系统化、具体化，作为中国建立社会主义市场经济体制的总体规划；阐明了我国社会主义市场经济体制的基本框架，指出了我国建立社会主义市场经济体制的具体途径和方法，从而使社会主义市场经济理论逐步达到成熟。

江泽民根据邓小平南方谈话精神，明确提出使用“社会主义市场经济体制”这个提法。江泽民同志指出：“商品经济充分发展是实现社会经济高度发达不可逾越的阶段。充分发展的商品经济，必然离不开充分发育的完善的市场机制。那种认为市场作用多了，就会走上资本主义道路的担心，是没有根据的和不正确的。”

到20世纪末，我国初步建立了社会主义市场经济体制。社会主义市场经济是同社会主义基本制度结合在一起的，既可以发挥市场经济的长处，又可以发挥社会主义制度的优越性。江泽民强调，要坚持社会主义市场经济的根本方向，使市场在国家宏观调控下对资源配置起基础性作用。“我们搞的是社会主义市场经济，‘社会主义’这几个字是不能没有的，这并

① 邓小平. 邓小平文选：第三卷［M］. 北京：人民出版社：1993：373.

非多余，并非画蛇添足，而恰恰相反，这是画龙点睛。所谓‘点睛’，就是点明我们的市场经济的性质。”①

2012年，胡锦涛同志在十八大报告中强调，要加快完善社会主义市场经济体制和加快转变经济发展方式。提出要“全面深化经济体制改革。深化改革是加快转变经济发展方式的关键。经济体制改革的核心问题是处理好政府和市场的关系，必须更加尊重市场规律，更好发挥政府作用。要毫不动摇巩固和发展公有制经济，推行公有制多种实现形式，深化国有企业改革，完善各类国有资产管理体制，推动国有资本更多投向关系国家安全和国民经济命脉的重要行业和关键领域，不断增强国有经济活力、控制力、影响力。毫不动摇鼓励、支持、引导非公有制经济发展，保证各种所有制经济依法平等使用生产要素、公平参与市场竞争、同等受到法律保护。健全现代市场体系，加快改革财税体制，深化金融体制改革，完善金融监管，推进金融创新，维护金融稳定”②。

3. 十八大以来社会主义市场经济体制的完善

十八大以来，习近平总书记进一步丰富和完善了社会主义市场经济体制的相关理论和制度架构，形成了“习近平新时代中国特色社会主义经济思想”，围绕社会主义市场经济的相关问题，提出了市场决定作用理论。党的十八届三中全会指出：“经济体制改革是全面深化改革的重点，核心问题是处理好政府和市场的关系，使市场在资源配置中起决定性作用和更好发挥政府作用。”这一论述是一项重大理论创新，对于推进我国改革开放和社会主义现代化建设将产生深远影响。从有计划的商品经济到社会主义市场经济体制确立，从“使市场在国家宏观调控下对资源配置起基础性作用”到“使市场在资源配置中起决定性作用和更好发挥政府作用”，党

① 江泽民.论社会主义市场经济［M］. 北京：中央文献出版社，2002：203.

② 胡锦涛.坚定不移沿着中国特色社会主义道路前进 为全面建成小康社会而奋斗——在中国共产党第十八次全国代表大会上的报告［M］. 北京：人民出版社，2012.

在对计划和市场、政府和市场关系的认识上艰辛探索、不断深化，并取得历史性突破。具体而言：

一是提出了市场作用的全新定位。习近平总书记指出："党的十八届三中全会将市场在资源配置中起基础性作用修改为起决定性作用，虽然只有两字之差，但对市场作用是一个全新的定位，'决定性作用'和'基础性作用'这两个定位是前后衔接、继承发展的。这个'全新的定位'，就是对中国特色社会主义政治经济学市场作用理论的一次重大创新。"

二是推进了市场作用和政府作用关系理论的发展。与以往表述对照，"市场在资源配置中起决定性作用"的新表述，除"基础性"修改为"决定性"外，还有一个具有重要创新意义的变化是，自十四大后历次大会报告中市场在资源配置中"起"或"发挥"基础性作用的前置限制词，如"在国家宏观调控下""在更大程度上""从制度上""更大程度更大范围"等均不复出现。从理论上说，这大大深化了对市场作用与政府作用关系的认识。

三是为深化经济体制改革确立了理论原点或中心点，即"紧紧围绕市场在资源配置中起决定性作用深化经济体制改革"，同时为其他主要领域的改革乃至总体改革的顶层设计提供了逻辑起点或参考点，进而推演出全面深化改革的基本逻辑和大思路。正如习近平总书记指出的："使市场在资源配置中发挥决定性作用，主要涉及经济体制改革，但必然会影响到政治、文化、社会、生态文明和党的建设等各个领域。要使各方面体制改革朝着建立完善的社会主义市场经济体制这一方向协同推进，同时也使各方面自身相关环节更好适应社会主义市场经济发展提出的新要求。"[①]

2017年，习近平总书记在党的十九大报告中强调"坚持社会主义市场经济改革方向""加快完善社会主义市场经济体制"，并指出"经济体制改革必须以完善产权制度和要素市场化配置为重点，实现产权有效激励、

① 习近平. 习近平谈治国理政：第一卷［M］. 北京：外文出版社，2018：95.

要素自由流动、价格反应灵活、竞争公平有序、企业优胜劣汰”。这些重要论述，在党的十八届三中全会提出“使市场在资源配置中起决定性作用和更好发挥政府作用”的基础上，进一步深化了对社会主义市场经济规律的认识，进一步坚定了社会主义市场经济改革方向，明确了加快完善社会主义市场经济体制的重点任务，是习近平新时代中国特色社会主义思想在经济体制改革领域的具体体现。

2018年，习近平总书记在庆祝改革开放40周年大会上的重要讲话中指出：“前进道路上，我们必须毫不动摇巩固和发展公有制经济，毫不动摇鼓励、支持、引导非公有制经济发展，充分发挥市场在资源配置中的决定性作用，更好发挥政府作用，激发各类市场主体活力。”

2020年5月，中共中央、国务院印发了《关于新时代加快完善社会主义市场经济体制的意见》，对社会主义市场经济体制进行全面部署，提出了一系列发展要求，包括“坚持稳中求进工作总基调，坚持新发展理念，坚持以供给侧结构性改革为主线，坚持以人民为中心的发展思想，坚持和完善社会主义基本经济制度，以完善产权制度和要素市场化配置为重点，全面深化经济体制改革，加快完善社会主义市场经济体制，建设高标准市场体系，实现产权有效激励、要素自由流动、价格反应灵活、竞争公平有序、企业优胜劣汰，加强和改善制度供给，推进国家治理体系和治理能力现代化，推动生产关系同生产力、上层建筑同经济基础相适应，促进更高质量、更有效率、更加公平、更可持续的发展”。

教学内容三：社会主义市场经济体制的具体内容

公有制为主体、多种所有制经济共同发展，按劳分配为主体、多种分配方式并存的社会主义市场经济体制等社会主义基本经济制度，既体现了社会主义制度的优越性，又同我国社会主义初级阶段社会生产力发展水平相适应，是党和人民的伟大创造。必须坚持社会主义基本经济制度，充分发挥市场在资源配置中的决定性作用，更好发挥政府作用，全面贯彻新发展理念，坚持以供给侧结构性改革为主线，加快建设现代化经济体系。

1. 毫不动摇巩固和发展公有制经济，毫不动摇鼓励、支持、引导非公有制经济发展

探索公有制多种实现形式，推进国有经济布局优化和结构调整，发展混合所有制经济，增强国有经济竞争力、创新力、控制力、影响力、抗风险能力，做强做优做大国有资本。

（1）推进国有经济布局优化和结构调整。坚持有进有退、有所为有所不为，推动国有资本更多投向关系国计民生的重要领域和关系国家经济命脉、科技、国防、安全等领域，服务国家战略目标，增强国有经济竞争力、创新力、控制力、影响力、抗风险能力，做强做优做大国有资本，有效防止国有资产流失。

（2）积极稳妥推进国有企业混合所有制改革。在深入开展重点领域混合所有制改革试点基础上，按照完善治理、强化激励、突出主业、提高效率要求，推进混合所有制改革，规范有序发展混合所有制经济。

（3）稳步推进自然垄断行业改革。深化以政企分开、政资分开、特许经营、政府监管为主要内容的改革，提高自然垄断行业基础设施供给质量，严格监管自然垄断环节，加快实现竞争性环节市场化，切实打破行政性垄断，防止市场垄断。

（4）营造支持非公有制经济高质量发展的制度环境。健全支持民营经济、外商投资企业发展的市场、政策、法治和社会环境，进一步激发活力和创造力。在要素获取、准入许可、经营运行、政府采购和招投标等方面对各类所有制企业平等对待，破除制约市场竞争的各类障碍和隐性壁垒，营造各种所有制主体依法平等使用资源要素、公开公平公正参与竞争、同等受到法律保护的市场环境。

2. 坚持按劳分配为主体、多种分配方式并存

优化收入分配格局，健全可持续的多层次社会保障体系，让改革发展成果更多更公平惠及全体人民。

（1）健全体现效率、促进公平的收入分配制度。坚持多劳多得，着重保护劳动所得，增加劳动者特别是一线劳动者劳动报酬，提高劳动报酬在初次分配中的比重。健全劳动、资本、土地、知识、技术、管理、数据等生产要素由市场评价贡献、按贡献决定报酬的机制。

（2）健全以税收、社会保障、转移支付等为主要手段的再分配调节机制，强化税收调节，完善直接税制度并逐步提高其比重。完善相关制度和政策，合理调节城乡、区域、不同群体间分配关系。重视发挥第三次分配作用，发展慈善等社会公益事业。

（3）鼓励勤劳致富，保护合法收入，增加低收入者收入，扩大中等收入群体，调节过高收入，清理规范隐性收入，取缔非法收入。

（4）完善覆盖全民的社会保障体系。健全统筹城乡、可持续的基本养老保险制度、基本医疗保险制度，稳步提高保障水平。

（5）健全国家公共卫生应急管理体系。强化公共卫生法治保障，完善公共卫生领域相关法律法规。

3. 夯实市场经济基础性制度，保障市场公平竞争

建设高标准市场体系，全面完善产权、市场准入、公平竞争等制度，筑牢社会主义市场经济有效运行的体制基础。全面实施市场准入负面清单制度，改革生产许可制度，健全破产制度。强化竞争政策基础地位，落实公平竞争审查制度，加强和改进反垄断和反不正当竞争执法。健全以公平为原则的产权保护制度，建立知识产权侵权惩罚性赔偿制度，加强企业商业秘密保护。推进要素市场制度建设，实现要素价格市场决定、流动自主有序、配置高效公平。强化消费者权益保护，探索建立集体诉讼制度。加强资本市场基础制度建设，健全具有高度适应性、竞争力、普惠性的现代

金融体系，有效防范化解金融风险。优化经济治理基础数据库。健全推动发展先进制造业、振兴实体经济的体制机制。实施乡村振兴战略，完善农业农村优先发展和保障国家粮食安全的制度政策，健全城乡融合发展体制机制。构建区域协调发展新机制，形成主体功能明显、优势互补、高质量发展的区域经济布局。

4. 构建更加完善的要素市场化配置体制机制

以要素市场化配置改革为重点，加快建设统一开放、竞争有序的市场体系，推进要素市场制度建设，实现要素价格市场决定、流动自主有序、配置高效公平。具体而言：

（1）建立健全统一开放的要素市场。加快建设城乡统一的建设用地市场，建立同权同价、流转顺畅、收益共享的农村集体经营性建设用地入市制度。探索农村宅基地所有权、资格权、使用权“三权分置”，深化农村宅基地改革试点。

（2）推进要素价格市场化改革。健全主要由市场决定价格的机制，最大限度减少政府对价格形成的不当干预。

（3）创新要素市场化配置方式。缩小土地征收范围，严格界定公共利益用地范围，建立土地征收目录和公共利益用地认定机制。

（4）推进商品和服务市场提质增效。推进商品市场创新发展，完善市场运行和监管规则，全面推进重要产品信息化追溯体系建设，建立打击假冒伪劣商品长效机制。构建优势互补、协作配套的现代服务市场体系。

5. 创新政府管理和服务方式

完善政府经济调节、市场监管、社会管理、公共服务、生态环境保护等职能，创新和完善宏观调控，进一步提高宏观经济治理能力。

（1）构建有效协调的宏观调控新机制。加快建立与高质量发展要求相适应，体现新发展理念的宏观调控目标体系、政策体系、决策协调体系、监督考评体系和保障体系。

（2）加快建立现代财税制度。优化政府间事权和财权划分，建立权责清晰、财力协调、区域均衡的中央和地方财政关系，形成稳定的各级政府事权、支出责任和财力相适应的制度。

（3）强化货币政策、宏观审慎政策和金融监管协调。建设现代中央银行制度，健全中央银行货币政策决策机制，完善基础货币投放机制，推动货币政策从数量型调控为主向价格型调控为主转型。

（4）全面完善科技创新制度和组织体系。加强国家创新体系建设，编制新一轮国家中长期科技发展规划，强化国家战略科技力量，构建社会主义市场经济条件下关键核心技术攻关新型举国体制。

（5）完善产业政策和区域政策体系。推动产业政策向普惠化和功能性转型，强化对技术创新和结构升级的支持，加强产业政策和竞争政策协同。

（6）以一流营商环境建设为牵引持续优化政府服务。

（7）构建适应高质量发展要求的社会信用体系和新型监管机制。完善诚信建设长效机制，推进信用信息共享，建立政府部门信用信息向市场主体有序开放机制。

6. 完善科技创新体制机制

弘扬科学精神和工匠精神，加快建设创新型国家，强化科技力量，健全国家实验室体系，构建社会主义市场经济条件下关键核心技术攻关新型举国体制。加大基础研究投入，健全鼓励支持基础研究、原始创新的体制机制。建立以企业为主体、市场为导向、产学研深度融合的技术创新体系，支持大中小企业和各类主体融通创新，创新促进科技成果转化机制，积极发展新动能，强化标准引领，提升产业基础能力和产业链现代化水平。完善科技人才发现、培养、激励机制，健全符合科研规律的科技管理体制和政策体系，改进科技评价体系，健全科技伦理治理体制。

7. 建设更高水平开放型经济新体制

实施更大范围、更宽领域、更深层次的全面开放，推动制造业、服务业、农业扩大开放，保护外资合法权益，促进内外资企业公平竞争，拓展对外贸易多元化，稳步推进人民币国际化。健全外商投资准入前国民待遇加负面清单管理制度，推动规则、规制、管理、标准等制度型开放。健全促进对外投资政策和服务体系。加快自由贸易试验区、自由贸易港等对外开放高地建设。推动建立国际宏观经济政策协调机制。健全外商投资国家安全审查、反垄断审查、国家技术安全清单管理、不可靠实体清单等制度。完善涉外经贸法律和规则体系。

议题情景2：社会主义市场经济与中国经济社会发展

社会主义市场经济体制的确立极大地激发和释放了社会发展活力，开启了我国经济快速发展的新时期。2018年，国家统计局发布的改革开放40年经济社会发展成就报告显示，40年来，中国经济社会发展取得了举世瞩目的历史性成就，实现了前所未有的历史性变革。

经济跃上新台阶——

数据显示，2017年，我国国内生产总值按不变价计算比1978年增长33.5倍，年均增长9.5%，远高于同期世界经济2.9%左右的年均增速。1978年，我国国内生产总值只有3679亿元，2017年首次站上80万亿元的历史新台阶。

人均国内生产总值不断提高。2017年，我国人均国内生产总值59660元，扣除价格因素，比1978年增长22.8倍，年均实际增长8.5%。我国人均国民总收入由1978年的200美元提高到2016年的8250美元，超过中等偏上收入国家平均水平，在世界银行公布的217个国家（地区）中排名上升到第95位。

财政实力显著增强。1978年，国家一般公共预算收入仅1132亿元，2017年达到172567亿元，1979年至2017年年均增长13.8%。

经济规模跃居世界第二位。1978年，我国经济总量居世界第十一位；2010年超过日本，成为世界第二大经济体。2017年，我国国内生产总值占世界经济总量的15%左右，比1978年提高13个百分点左右。

外汇储备大幅增长。1978年，我国外汇储备仅1.67亿美元，位居世界第38位，2017年末外汇储备余额达31399亿美元，稳居世界第一位。

城镇化稳步推进。2017年末，我国常住人口城镇化率为58.52%，比1978年末上升40.6个百分点；我国户籍人口城镇化率达42.35%，与常住人口城镇化率的差距缩小到16.17个百分点。

基础产业跨越式发展——

2018年，第一、二、三产业增加值比重分别为7.2%、40.7%、52.2%；就业比重分别为26.1%、27.6%、46.3%，其中第三产业增加值比重和就业比重分别比1952年上升23.5和37.2个百分点。

统计显示，农业基础地位不断强化。2017年，我国粮食总产量稳定在1.2万亿斤以上，比1978年翻一番。近年来，我国谷物、肉类、花生、茶叶产量稳居世界第一位，油菜籽产量稳居世界第二位，甘蔗产量稳居世界第三位。1952年，农业增加值占GDP比重为50.5%，农业吸纳了83.5%的就业人口。1978年，农业增加值比重降至27.7%，就业比重降至70.5%。

工业生产能力不断提升。2017年，钢材产量10.5亿吨，比1978年增长46.5倍；水泥产量23.4亿吨，增长34.8倍；汽车产量2902万辆，增长193.8倍。

交通运输建设成效突出。2017年末，铁路营业里程达到12.7万公里，比1978年末增长1.5倍，其中高速铁路达到2.5万公里，占世界高铁总量60%以上。2017年末，公路里程477万公里，比1978年末增长4.4倍。

邮电通信业快速发展。2017年末，全国移动电话普及率达到102.5部/百人；建成了全球最大的移动宽带网，移动宽带用户达11.3亿户。

全方位开放新格局逐步形成——

统计显示，我国贸易规模稳步扩张。2017年，货物进出口总额达到4.1万亿美元，比1978年增长197.9倍，年均增长14.5%，居世界第一位。

外商投资规模和领域不断扩大。2017年，我国实际使用外商直接投资1310亿美元，比1984年增长91.3倍，年均增长14.7%。1979年至2017年，我国累计吸引外商直接投资达18966亿美元，是吸引外商直接投资最多的发展中国家。

对外投资合作快速发展。2017年，我国对外直接投资额（不含银行、证券、保险）1201亿美元，比2003年增长41.1倍，年均增长30.6%。

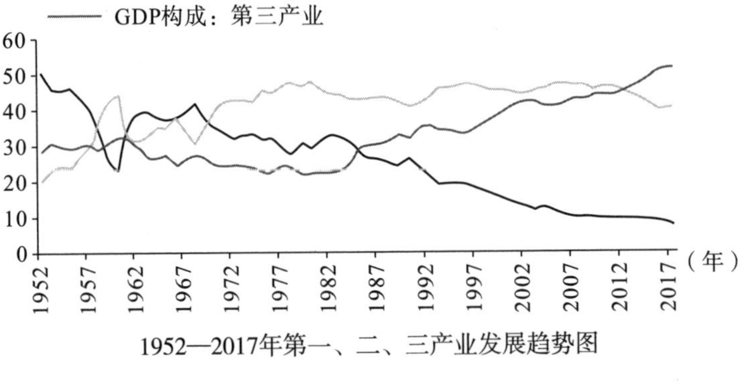

1952—2017年第一、二、三产业发展趋势图

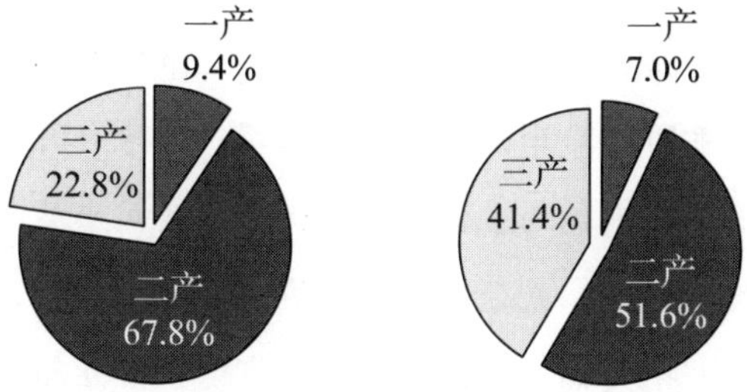

1978年三大产业比重图　　2017年三大产业比重图

人民生活条件改善——

1978年，城乡居民恩格尔系数分别高达57.5%和67.7%。改革开放以来，我国消费水平大幅提高，居民精神文化生活更加丰富。2010年，城乡居民恩格尔系数分别下降至35.7%和41.1%。2018年，城乡居民恩格尔系数分别下降至27.7%和30.1%。

城乡居民收入大幅提升。党的十八大以来，居民生活进一步改善，向全面小康大步迈进。统计显示，我国就业规模稳步扩大。1978年至2017年，我国就业人员从40152万人增加到77640万人，年均增加961万人。2017年，全国居民人均可支配收入达到25974元，扣除价格因素，比1978年实际增长22.8倍。2017年，全国居民人均财产净收入占全部可支配收入的比重达到8.1%。全国居民人均消费支出18322元，扣除价格因素，比1978年实际增长18倍，年均增长7.8%。

居住条件显著改善。2017年，城镇居民、农村居民人均住房建筑面积分别比1978年增加30.2、38.6平方米。居民预期寿命由1981年的67.8岁提高到2017年的76.7岁。全国居民每百户家用汽车拥有量为33.0辆，比2013年增长95.3%；每百户助力车拥有量为59.2辆，增长49.9%；每百户移动电话拥有量为249.1部，增长22.6%；每百户空调拥有量为109.3台，增长55.3%；每百户排油烟机拥有量为56.4台，增长32.7%；每百户热水器拥有量为85.0台，增长32.4%。

取得这一系列成就，都是与我国社会主义市场经济体制的确立分不开的。中国40多年的改革开放实践成功证明，坚持中国特色社会主义市场经济体制，坚持公有制为主体、多种所有制共同发展的混合所有制，坚持计划和市场相结合，充分发挥市场在资源配置中的决定作用，既能够避免平均主义“吃大锅饭”造成的损害劳动积极性和经济效率低下的问题，极大地激发经济发展的活力；又能够通过国家强有力地宏观调控避免经济的盲目竞争造成的两极分化，将贫富差距控制在一定范围内，逐步实现共同富裕。此外，社会主义市场经济制度的确立，也能够通过国家对经济的宏观调控，完成市场自身所无法完成的任务。像我国的三峡工程、西气东输、西电东送、南水北调、青藏铁路、港珠澳大桥以及脱贫攻坚战等，都不是某一个企业或组织凭借自身或市场的力量所能完成的，都离不开国家计划的强有力支持。（资料来源：《“数”说历史性跨越——统计数据展现改革开放40年中国经济社会发展成就》）

议题情景3：中国高铁与社会主义经济制度

提起中国的“国家名片”，高铁绝对占有一席之地。2017年，来自“一带一路”沿线的20国青年评选出他们心中的中国“新四大发明”：高铁、支付宝、网购和共享单车。其中高铁高居榜首，成为他们最想带回国的“中国特产”。

高铁作为中国制造的新名片，自2009年实施“走出去”战略以来，凭借领先的技术、过硬的品质、优质的服务，已经建立起互通互联的世界动脉。进入21世纪，中国高铁的发展从2004年开始引进高铁技术，到超越日本、德国和法国，成功拿下全球最大的市场份额，历经了技术储备期（2004年之前）、技术引进期（2004—2008年）和自主创新期（2009年至今）。十几年来，中国高铁的发展可谓日新月异。2019年底，中国高速铁路营业总里程达3.5万千米。中国已系统掌握各种复杂地质及气候条件下高铁建造成套技术，攻克铁路工程建造领域一系列世界性技术难题；全面掌握构造速度200至250千米/小时、300至350千米/小时动车组制造技术，构建涵盖不同速度等级、成熟完备的高铁技术体系。现如今，中国高铁已经声名远扬。

2021年1月13日，中国自主研发设计、自主制造的世界首台高温超导高速磁浮工程化样车及试验线，在西南交通大学正式启用。这辆采用全碳纤维、流线型头型的样车，设计时速620公里，有望创造在大气环境下陆地交通的速度新纪录。

21世纪初，美国也曾经斥资5000多亿美元，希望能够建设起一条高铁，但最终却于2019年宣告放弃。有人曾经发出疑问，美国作为世界超级大国，基建能力强，而且还有强大的经济作为支撑，不可能无法建立成套的高铁体系，但是有资金、有技术、有基建能力的美国，为什么仍旧无法建设一条便利的高速铁路呢？有学者指出，美国的自由市场的经济制度无法支持类似高铁这样需要大规模支出、耗时很长的项目。此外，由于美国的政治体系是联邦制政府，实际的决策权被下放给各个州，联邦政府无法根据国家的利益安排项目的优先顺序。美国倒是有一套研究资助体系，可以资助一个又一个的研究，只不过研究出来的项目无法获得地方的资金支持和建设。此外，美国的资本主义制度也限制了地铁的发展。对于建设高铁这个问题，必须要有足够的土地用来铺设铁路。但美国的大部分土地都是私人所有，如果想建高铁，政府需要与每一户土地私有者进行协商，这是一件耗费时间和精力的事情。即使是政府出面，也很难把土地从他们手中买过来，更不用提什么“征用”了。

经济制度优势是中国高铁崛起的重要推手。中国高铁的发展是与我国社会主义市场经济制度分不开的。改革开放以来，我国实行以公有制为主体、多种所有制经济共同发展的基本经济制度，中国共产党为发展生产、调节经济、巩固和完善基本经济制度，在充分总结过往经验教训的基础上，结合西方经济发展历史的思考，创造性地建立了社会主义市场经济体制，通过营造公平、开放的市场环境，进一步优化社会资源配置。新中国成立以来，我国经济规模不断扩大，综合国力与日俱增，从弊车羸马、民困国贫到一跃成为世界第二大经济体，创造了经济快速发展的“中国奇迹”，为中国铁路领跑世界奠定了雄厚的经济基础！

此外，国家对市场经济强有力的宏观调控能力是中国高铁崛起的政治保证。仅2019年，就有8000亿元人民币投资铁路建设。与此同时，经济的快速发展使得人民的生活水平不断提高，在解决基本的温饱问题之后，人们对生活质量就有了更高的要求——城市间的联系逐渐频繁，现代都市圈慢慢形成，无论是工作生活还是旅行度假，快捷便利和绿色环保的高铁成为人们出行的首要选择。社会需求的增加促使铁路技术不断革新，中国高铁的崛起成为中国发展的应有之义。（资料来源：《从“引进来”到“走出去”，中国高铁领跑世界》《庖丁解牛：中国高铁崛起背后的制度优势》《西南交通大学：时速620公里！世界首台高温超导高速磁浮工程化样车下线》）

考核评价

选择题

1. 社会主义市场经济理论认为，计划经济和市场经济属于不同的（　　）。

A. 经济制度范畴　　B. 资源配置方式

C. 生产关系范畴　　D. 经济增长方式

2. 社会主义市场经济和资本主义市场经济的本质区别是（　　）。

A. 宏观调控不同　　B. 资源配置不同

C. 所有制基础不同　　D. 市场机制不同

3. 党的（　　）正式把建立社会主义市场经济体制作为我国经济体制改革的目标确定下来，并在此基础上较系统地阐述了社会主义市场经济的基本特征。

A. 十二大　　B. 十三大

C. 十四大　　D. 十五大

4. 社会主义市场经济体制的基础是（　　）。

A. 以公有制为主体、多种所有制经济共同发展的所有制结构

B. 以按劳分配为主体，多种分配方式并存的分配制度

C. 统一、开放、竞争、有序的市场体系

D. 以公有制为主体的现代企业制度

5. 我国自改革开放以来，在对市场经济认识上的重大突破是（　　）。

A. 市场经济不属于社会基本制度范畴

B. 市场经济是法治经济

C. 市场机制对资源配置起基础性作用

D. 市场经济是有国家干预的经济

论述题

1. 试论社会主义市场经济理论的基本要点。

2. 十八届三中全会提出要使市场在资源配置中起决定性作用，结合本专题所学知识谈谈你的看法。

答案：选择题：BCCAA。

论述题：（略）

专题四

Topic 4

更好满足人民对美好生活的向往——经济高质量发展

| 一体化设计目标及思路 |

2017年，中国共产党第十九次全国代表大会首次提出“高质量发展”表述，表明中国经济由高速增长阶段转向高质量发展阶段。高质量发展，就是能够很好满足人民日益增长的美好生活需要的发展，是体现新发展理念的发展，是创新成为第一动力、协调成为内生特点、绿色成为普遍形态、开放成为必由之路、共享成为根本目的的发展。

本专题按照大中小学思想政治理论课一体化教学理念，教学设计的逻辑思路如下。

小学段：豌豆尖走高端路线——发展儿童智力，促进人格教育的落地，培养艰苦奋斗的精神，树立绿色共享的理念。

初中段：“爱丽丝”畅游科技馆——认同中华民族优秀的创新基因，增强民族自豪感，树立文化自信。了解我国在推动经济高质量发展过程中面临的新问题、新挑战，坚定走绿色发展道路、建设美丽中国的道路信仰。

高中段：新时代的幸福密码——贯彻新发展理念，建设现代化经济体系，推动经济高质量发展，运用新发展理念解决生活中的实际问题，理解并认同我国建设现代化经济体系的措施。

大学段：创新发展理念，转变发展方式——熟悉和掌握新发展理念、供给侧结构性改革、建设现代化经济体系等理论的内涵，并学会运用上述理论分析中国的经济现象。

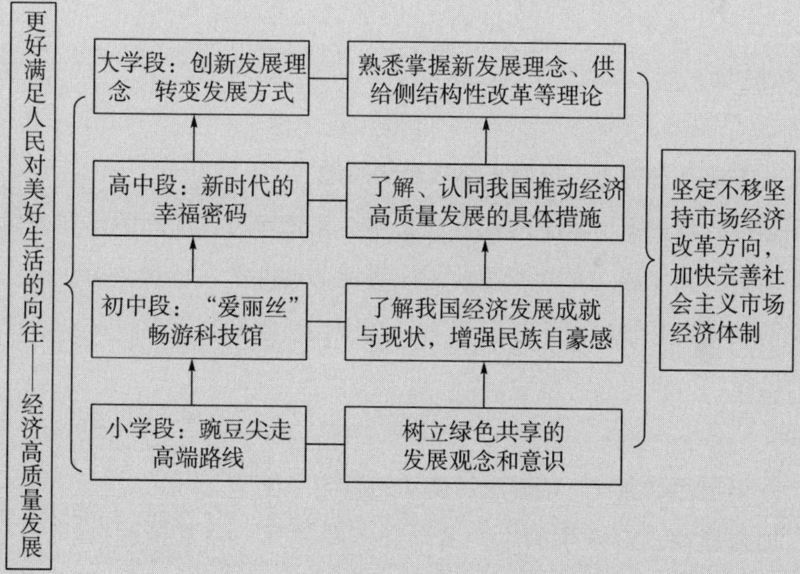
更好满足人民对美好生活的向往——经济高质量发展
大学段：创新发展理念　转变发展方式
高中段：新时代的幸福密码
初中段：“爱丽丝”畅游科技馆
小学段：豌豆尖走高端路线
熟悉掌握新发展理念、供给侧结构性改革等理论
了解、认同我国推动经济高质量发展的具体措施
了解我国经济发展成就与现状，增强民族自豪感
树立绿色共享的发展观念和意识
坚定不移坚持市场经济改革方向，加快完善社会主义市场经济体制

小学段：豌豆尖走高端路线

活动目的

1. 发展儿童智力，促进人格教育的落地

学校教育贯穿了学生的儿童成长期。儿童智力在活动中得到表现，并在活动中得到发展。小学阶段要高度重视劳动课程，通过种植、设计、售卖等活动，提高学生自主创新能力，既增长科学知识又促进团结协作等品质的培养。

2. 开展劳动课程，培养艰苦奋斗的精神

加强和改进对学生的生产劳动和实践教育，使其接触自然，了解社会，培养热爱劳动和艰苦奋斗的精神。因此，学校要积极重视劳动课程，提高学生自主创新能力，提高学生整体素质。

3. 渗透高质量经济，树立绿色共享的理念

坚持经济高质量发展，共建共创绿色经济，需要致力于培养社会公民，因此应该从小学阶段开始慢慢培养学生，将理论知识大众化、生活化，初步培养学生的环保、节约、科技、共享等理念。

学情分析

低年级的活动内容涉及学生生活的方方面面，有适合儿童年龄特征的动植物科学探索类，有切合学生需要的安全健康教育类，有学生熟悉的家庭和学校生活类等。这些活动内容建立在学生已有的生活经验及学科知识的基础上，充分考虑了学生的年龄特征、兴趣爱好、认知水平及地区差异。

本学段学生由于低年级的认知水平和年龄特点使他们具备好奇、形象、直观的特点，活动内容应贴近学生的生活实际，且操作性强。

本学段将主要采用形象直观的观察法及运用各种感官的体验操作法等探究学习方法。探究学习法是学生在教师的指导下进行自主学习、自主建构的学习方法。它以问题为起点，以探究为中心，面向学生生活。课程设计应从小学生生活经验中的人、事物、现象和问题出发，选取学生感兴趣及需要的议题作为课程设计的内容。以问题为起点，以解决实际问题的逻辑顺序为主线，发挥问题对学生学习过程的引导作用，使学生在日常生活中养成勤于观察和发现问题的习惯，培养不断探究的精神和能力，并切实提高生活实践的能力。

设计思路

1. 设计理念

成都市实验小学蕴雅校区，是一所长在公园里的学校，学生在大自然中沉浸学习、肆意生长。学校重视劳动课程，每个班拥有一小片可以自由支配的土地，我们称之为“种植园”。收获的生态产品，通过选种—种植—设计—售卖—分配等环节来感受科学、绿色、创新、共享等理念。

2. 思维导图

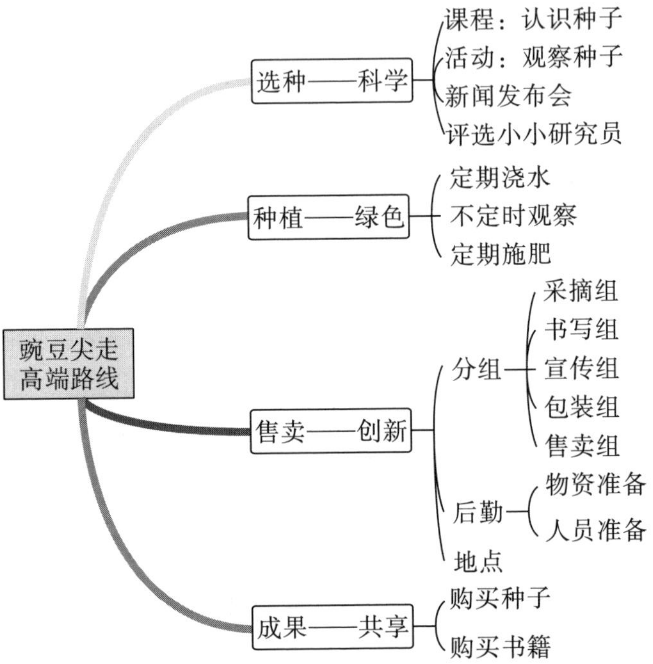

活动准备

1. 引导学生掌握生态种植知识，培养学生热爱生活的积极态度

学生能阳光快乐地成长，是我们共同的希望。热爱生活的学生往往更加热爱生命，更容易感到幸福，能对生活常怀一颗感恩的心。学校、班级通过开展活动，以活动体验为主，以创新为动力，不断学习提升，引导学生认识世界、了解自然、敬畏生命，培养学生热爱生活的积极态度。

2. 培养拥有全科教育意识，对活动课程支持的班主任

当全科教师成为班主任，便期待着班级里开展更多有趣的活动。故教师应具有全科意识，具备全科相关知识，同时把教育教学当作一项具有创造性的工作，教师团队对活动课程有着共同的价值取向，共同精诚合作，

一起开发符合“五育”并举思想的劳动课程。积极寻求学校领导的支持，有利于活动的宣传和后期保障。

3. 提供得天独厚的地理环境

学校的环境包括自然环境和人文环境，自然环境囊括了学校硬件设施的布置，其中重要的是校园绿化。学校应尽力提供举办活动的自然环境—— 一块种植地。比如成都市实验小学蕴雅校区，是一所长在公园里的学校，学校学生在大自然中沉浸学习、肆意生长。学校还很重视劳动课程，每个班拥有一小片可以自由支配的土地。

活动实施

活动一：优化选种，科学发展

活动目标

引导学生尝试用多种方法进行与种植有关的小观察、小实验、小游戏等研究性活动，学会从观察种子的形态、大小来进行最优选种。

活动步骤

（1）学生在日常生活中留心观察人们特别是农民在春天会进行哪些种植活动，有条件的可拍摄照片或录像。

（2）安排学生动手做黄豆、绿豆等种子发芽的小实验，研究种子发芽所需要的基本条件。

（3）让学生在家人的指导和帮助下，开展种大蒜、培养豆芽等实践性活动，并及时作好有关记录。

（4）具体方案——新闻发布会。

①人们常说：“一年之计在于春。”你们知道这句话告诉了我们一个

什么科学道理吗？

②组织学生开展“农事5分钟”新闻发布会，向其他学生介绍农民在春天进行的农事活动，在介绍中可适时展示相关照片或播放录像。

③结合诗句“春种一粒粟，秋收万颗子”理解只有春种才能秋收的重要性。

（5）具体方案——评选小小研究员。

①老师：小朋友的成长离不开大人的照顾与呵护，种子发芽也需要一定的条件。通过实验研究，你观察到了什么？获得了哪些知识？小组成员之间交流一下。

②各组选派代表在全班发言，交流种子发芽需要的条件。

③评选十佳“小小研究员”，老师颁发奖项。

活动二：生态培育，绿色发展

活动目标

学生在生产劳动和实践教育中，接触自然，从而培养其热爱劳动和艰苦奋斗的精神。

活动步骤

蔬菜小当家具体方案：

①每周一早上通过“幸运大转盘”选出三名绿植管理员，每天早中用自制矿泉水瓶各浇一次水。

②每天不定时去观察蔬菜的生长状况，比如蔬菜有没有出现长虫的现象，如有，应立即告诉老师。

③选5名同学于每周周五放学后同老师一起戴着手套，给蔬菜施肥。肥料不是在网上购买的化肥，而是部分家长家里的鸽子粪。鸽粪是廉价的低能

蛋白饲料，用鸽粪代替部分蛋白料，再补充一些能量饲料，能大大提高畜牧养殖业的经济效益，而且能减少污染，净化环境，形成生态产业链。同样，鸽粪还可经发酵制成高档优质有机肥料或进一步制成有机无机生物配方肥（简称生物肥），可以带来很好的经济效益、生态效益和社会效益。

活动三：趣味售卖，创新发展

活动目标

根据项目需求，从科学角度，和学生一起研究如何成功采摘出新鲜的农作物。从人文美学的角度，和学生探索如何通过包装设计增值农作物，让农作物从市场价值1元增值到10元。从市场运营的角度，和学生完成一场爆款售卖，让学生亲自参与，全程合作，体验创新发展的优势。

活动步骤

（1）前期准备。

①前期制作宣传海报，确定售卖地点——万花公园（位于学校旁边），并提前告知其他同学，引导他们在朋友圈转发相关信息，扩大受众群体。

②给学生布置任务，让他们查询相关资料构思宣传语。

③联系家委会，购买相关活动物资。如果遇到下雨，则需要准备雨篷等。

④联系学校后勤部门，寻求后勤老师的帮助，并教授学生如何采摘豌豆尖。

⑤联系相关科任老师，准备麻绳、塑封机、打孔机、剪刀等制作宣传卡片的活动必需品。

（2）活动过程。

根据需要，分为采摘组、宣传组、书写组、包装组、售卖组。根据班级人数，确定每组人数。参加活动的班级共有35人，故每组5～7人为宜，每组具体任务如下。

①采摘组：因为豌豆尖柔软易损，所以最好是心细的小朋友去采摘。并且由钟老师带队，负责豌豆尖的采摘及运输，同时邀请有管家之称的于老师帮同学联系学校的阿姨，给小朋友们讲如何采摘。

②书写组：负责宣传语的书写。写什么呢？想一想豌豆尖有什么特点，以及平时我们在生活中听到的宣传语。

③宣传组：负责宣传海报的制作。

④包装组：为了提高豌豆尖的附加价值，美术王老师带全班同学制作各种形状的卡片，塑封之后，根据剪下来的形状边缘打孔，用麻绳穿起来，系在豌豆尖上。

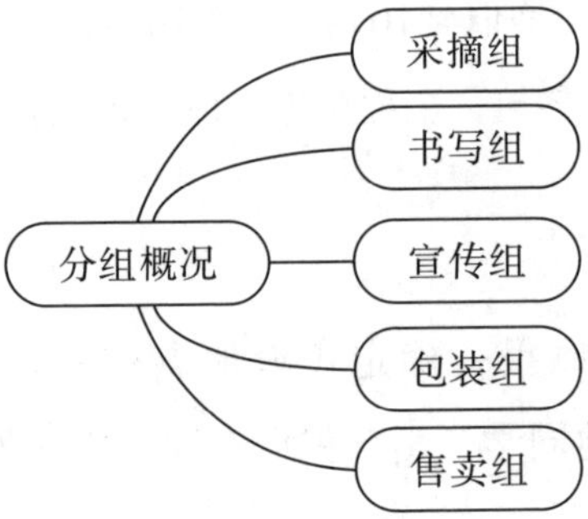

⑤售卖组：6个小朋友组内分工，记账1人，装袋1人，收钱2人，推销2人。推销的小朋友要随时和书写组交流，熟悉制作好的宣传语，可以事先在全班同学面前演练，让班上同学提建议。演练时声音一定要洪亮，要面带笑容等。

活动四：合理分配，共享发展

活动目标

通过劳动成果分配，完成共享经济理念的浸入式教育。

活动步骤

（1）统计销售收入。

（2）以民主投票的方式完成班级共享的分配方案。一部分收入用于购买班级书籍等，剩下的一部分就用于购买种子。

活动效果

1. 落实理念，践行目标，提升学生对高质量经济发展的认识

"理念落地才是真正的教育"，除去学校要求的教育外，教师还能做到主动教育，潜移默化地教育吗？开展相关活动不仅落实了劳动课程的目标，还对高质量经济发展理念的落地采取分步骤、细节化、系统化的操作。小学处于基础教育阶段，对坚持经济高质量发展，创新、绿色、协调、开放、共享的发展理念，需要提前了解和实践。

2. 明确定位，合理分工，增强学生社会交往能力

在本次活动中，应采取自愿选组的原则，学生可以根据自己的兴趣特点等选择组别。他们可以在活动中逐渐找到自己的定位，并且因为是自己的选择，所以能积极做好。在活动过程中，学生需要与同组成员进行交流沟通，大胆表达自己的需求，大胆说出自己的疑惑，增强了他们的社会交往能力。

3. 绿色生态，持续发展，提高学生对后续劳动课程的好奇心

从生态选种到绿色耕耘，从新颖的售卖方式到收获颇丰，学生合理地安排了此次的收入，形成良性循环。在活动过后的总结学生也对后续的劳动课程提出了一些建议，这不仅体现了以学生为主、自主创新，更培养了他们善于发现、勤于思考的学习习惯。

考核评价

评价项目	具体内容	评价等级			
		A	B	C	D
情感态度	1. 积极参与活动				
	2. 主动提出设想建议				
	3. 不怕困难和辛苦				
合作交流	1. 主动和同学配合				
	2. 乐于帮助同学				
	3. 认真倾听同学的观点和意见				
	4. 对班级和小组的学习做出贡献				
学习技能	1. 宣传卡片构思新颖独特				
	2. 活动方案细致周全、切实可行				
	3. 会用多种方法搜集处理信息				
	4. 实践方法、方式多样				
实践活动	1. 积极动脑、动口、动手参与				
	2. 会与别人交往				
	3. 活动有新意				
	4. 习得劳动技能——采摘豌豆尖				

续表

<table>
<tr><th rowspan="2">评价项目</th><th rowspan="2">具体内容</th><th colspan="4">评价等级</th></tr>
<tr><th>A</th><th>B</th><th>C</th><th>D</th></tr>
<tr><td rowspan="3">成果展示</td><td>1. 作品宣传语、宣传海报</td><td></td><td></td><td></td><td></td></tr>
<tr><td>2. 大胆吆喝</td><td></td><td></td><td></td><td></td></tr>
<tr><td>3. 成果有新意</td><td></td><td></td><td></td><td></td></tr>
<tr><td colspan="6">同学对我的评价：</td></tr>
<tr><td colspan="6">父母对我的评价：</td></tr>
<tr><td colspan="6">教师对我的评价：</td></tr>
<tr><td colspan="6">我对自己的评价：</td></tr>
</table>

初中段："爱丽丝"畅游科技馆
——初中生视界下的经济高质量发展

教学目标

1. 知识目标

了解创新的内涵，理解创新是促进国家全面发展的第一动力。了解我国科技发展现状及成就，知道"大众创业、万众创新"理念，认识国家实施创新驱动发展战略的必要性和举措。了解我国资源、环境的基本国情，知道资源、环境问题不仅是一个国家的问题，同时也是整个世界共同面临的问题。知道"绿水青山就是金山银山"的理念，知道创新、协调、绿色、开放、共享的新发展理念，以及美丽中国的内涵。

2. 能力目标

在日常生活中，发现创新价值，培养创新思维，逐步提高创新实践能力。认清我国当前资源、环境的客观现状，及其对个人、社会和国家产生的影响。辩证看待人与自然，资源、环境与国家社会经济发展之间的关系；懂得坚持走绿色发展道路是我国实现经济高质量发展的必然选择；用实际行动践行绿色低碳、健康生活理念。

3. 情感、态度和价值观目标

培养学生创新劳动意识，建立创新自信；增强忧患意识，提升生态文明素养，提高建设富强民主文明和谐美丽的社会主义现代化强国的使命感和责任感。

重点难点

1. 教学重点

了解创新的含义，了解美丽中国的含义。

2. 教学难点

理解创新的重要性，知道我国建设创新型国家的重要举措；认识建设美丽中国的必要性和举措。

学情分析

本学段学生身心特点：从文化基础看，学生对我国基本国情有一定认识，能够初步理解并认同国家相关宏观政策；从社会参与看，学生在正确处理“我与他人，我与社会，我与国家”方面的能力进一步提高，社会责任感和使命感明显增强；从自主发展看，学生的学习能力、深入探究和解决问题的能力得到锻炼和提升。

本学段以开展校外研学活动为主线，充分利用四川科技馆内的展品优势，让学生在探索中获取信息、理解知识、达成情感共识，使学生明白实现经济的高质量发展是现代化建设的关键。

设计思路

1. 设计理念

正处于青春期的初中学生，精力充沛，思维活跃，具有很强的可塑性和创造性。他们既是创新成果的享受者，又是创新浪潮的主力军。本课以老师带领学生深度参观访问四川科技馆为背景，结合教材“创新改变生活”和“创新永无止境”两部分，从国家历史到现代中国，从微观到宏观，让学生主动感知创新对个人生活、对国家发展的重要意义，使学生了解并认同中华民族优秀的创新基因，增强民族自豪感，树立文化自信。

青少年是祖国的未来和希望，他们的核心素养和整体素质决定着中国未来的发展方向。处于生态文明价值观形成关键期的初中生，更加需要正确引领和科学指导，使其成为经济高质量发展的积极力量。本课依托教材“正视发展挑战”和“共筑生命家园”两部分，使学生了解我国在推动经济高质量发展过程中面临的新问题、新挑战，坚定走绿色发展、建设美丽中国的道路信仰。

2. 思维导图

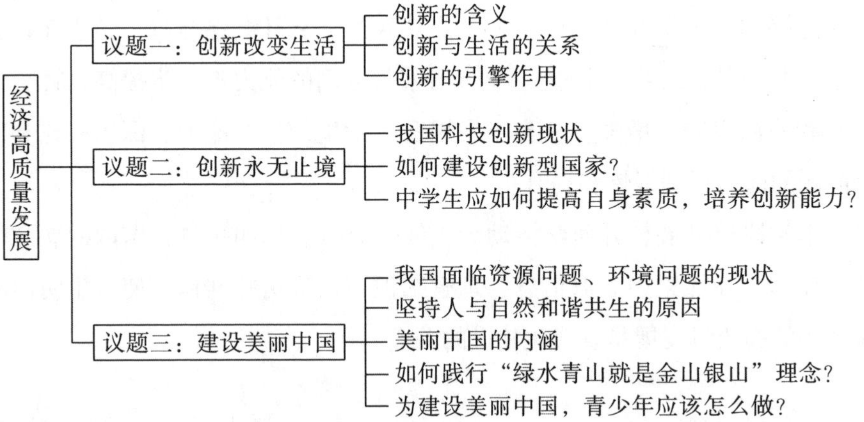

教学方法

校外研学法、议题探究法、合作探究法。

教学内容

教学内容一：创新改变生活

1. 创新的含义

2. 创新与生活的关系

3. 创新的引擎作用

教学内容二：创新永无止境

1. 我国科技创新现状

2. 如何建设创新型国家？

3. 中学生应如何提高自身素质，培养创新能力？

教学内容三：建设美丽中国

1. 我国面临资源问题、环境问题的现状

2. 坚持人与自然和谐共生的原因

3. 美丽中国的内涵

4. 如何践行“绿水青山就是金山银山”理念？

5. 为建设美丽中国，青少年应该怎样做？

实施方案

创新是引领发展的第一动力　努力建成世界科技强国

进入21世纪以来，全球科技创新进入空前密集活跃的时期，新一轮科技革命和产业革命正在重构全球创新版图、重塑全球经济结构。以人工智能、量子信息、移动通信、物联网、区块链为代表的新一代信息技术加速突破应用，以合成生物学、基因编辑、脑科学、再生医学等为代表的生命科学领域孕育新的变革，融合机器人、数字化、新材料的先进制造技术正在加速推进制造业向智能化、服务化、绿色化转型，以清洁高效可持续为目标的能源技术加速发展将引发全球能源变革，空间和海洋技术正在拓展人类生存发展新疆域。总之，信息、生命、制造、能源、空间、海洋等的原创突破为前沿技术、颠覆性技术提供了更多创新源泉。科学技术从来没有像今天这样深刻影响着国家前途命运，从来没有像今天这样深刻影响着人民生活福祉。中国要强盛、要复兴，就一定要大力发展科学技术，努力成为世界主要科学中心和创新高地。

（摘编自习近平《努力成为世界主要科学中心和创新高地》）

议题一：创新改变生活

【议题情景1】

四川科技馆位于成都市中心天府广场北侧，占地面积60000平方米，建筑面积41800平方米，展示面积约25000平方米。一至三楼分别以“三问（问天、问水、问未来），三寻（寻知、寻智、寻迹），三生（生命、生存、生活）”为主题，生动形象地展示了航空航天，都江堰水利工程，儿童科技乐园，数学、力学、声学等基础学科，机器人，科学生活等相关方面的科学知识，共计16个展区360件（项）展品，以及4D影院、飞向未来剧场、机器人剧场、生命起源剧场4个特色剧场。开馆以来，深受中学生喜爱。本次校外研学活动，教师带着小“爱丽丝”们，以畅游充满奇幻色彩的四川科技馆为主线，参观讲解我国科技创新成就，与学生共同探索经济高质量发展之路。

议学活动

教师和小“爱丽丝”们进入四川科技馆，来到一楼展厅“三问：问天、问水、问未来”区域。学生自由参观完后，回答问题：

（1）在科技馆的众多展品中，让你印象最深刻的是哪一件？

（2）整个科技馆充满了创新的气息，运用所学知识，谈一谈你对“创新”的理解。

（3）这些科技创新产品，如何运用于我们的日常生活？请举例说明。

议学总结

让人印象最深刻的展品是宇宙观测展望台、空间站、火箭模型……

创新就是创造、更新或者改变。创新应该包括科技创新、理论创新、制度创新、文化创新等各领域。例如移动支付、中国特色社会主义理论体系等都是创新。

以场馆内的运载火箭模型为例。运载火箭是由多级火箭组成的航天运输工具，其用途是把人造卫星、载人飞船、航天站或空间探测器等有效载荷送入预定轨道。其中，通信卫星是目前与我们生活关系最密切的人造卫星。如电视转播、个人移动电话、高速网络等和通信有关的服务，都离不开通信卫星。此外，气象卫星可以为我们提供数日内的气候变化数据，导航卫星使我们的交通变得更安全、更有效率等。

教学内容一：创新改变生活

1. 创新的含义

创新是指创造、更新或者改变。创新不只是从无到有的创造发明，还可以是对已有成果的改进和完善；创新不局限于科技领域，还包括理论创新、制度创新、文化创新等各方面。

2. 创新与生活的关系

（1）生活处处有创新。生活中的点滴创新改变着我们对生活的惯常看法。

（2）创新是一种生活方式。创新来源于生活，渗透在生活的方方面面；创新需要年复一年的积累；创新是个人的创意行为，也是团队、集体的创造活动。

（3）生活的各个领域都需要创新，也都可以创新。知识的创新提供新的思想和方法，技术的创新促进生产力发展、增加社会财富，制度的创新促进公平正义、推动社会进步。

（4）创新让生活更美好。我们的生活因创新变得更加便捷、舒适和丰富多彩。

【议题情景2】

教师和小“爱丽丝”们来到航空航天厅，以“北斗”为例，教师向学生们讲述我国在航天领域取得的科技成就。

2020年7月31日，北斗三号全球卫星导航系统正式开通，我国成为世界上第三个独立拥有全球卫星导航系统的国家。北斗卫星导航系统是中国着眼于国家安全和经济社会发展需要，为全球用户提供全天候、全天时、高精度的定位、导航和授时服务的国家重要空间基础设施。自提供服务以来，已在交通运输、农林渔业、水文监测、气象测报、通信系统、电力调度、救灾减灾、公共安全等领域得到广泛应用。十年来我国卫星导航产业产值年均增长20%以上，2020年超过4000亿元，创造了显著的经济效益和社会效益。

（可播放视频《点亮北斗，走向世界》）

议学活动

（1）结合材料或视频，分析中国为什么要自主开发北斗卫星导航系统，你从中获得了哪些启示？

（2）结合材料和生活实际，说一说北斗卫星导航系统给人们的生产生活带来了哪些改变。

议学总结

（1）中国坚持自主开发北斗卫星导航系统，是加快我国经济建设、社会建设的需要，是满足人民日常生活的需要，也是维护国家安全的需要。只有提高自主创新能力，掌握属于自己的核心技术，艰苦奋斗、自力更生，才能立足于世界。

（2）北斗卫星导航系统广泛运用于电子商务、智能手机、车载导航、智能穿戴设备等领域，创造了显著的经济效益和社会效益，深刻改变着人们的生产生活方式。例如在2020年新冠疫情爆发时，北斗卫星导航系统成功参与了武汉市火神山和雷神山医院建设，利用其高精度技术，多数测量工作一次性完成，为医院建设节省了大量时间，为抗击疫情贡献北斗智慧与力量。

3. 创新的引擎作用

（1）对人类社会：创新是推动人类社会向前发展的重要力量。

（2）对国际竞争：时代发展呼唤创新。当前，创新已经成为世界主要国家发展战略的重心。在激烈的国际竞争中，唯创新者进，唯创新者强，唯创新者胜。科技创新能力已经成为综合国力竞争的决定性因素。

（3）对国家发展：创新驱动是国家命运所系。实施创新驱动发展战略，推进以科技创新为核心的全面创新，让创新成为推动发展的第一动力，是适应和引领我国经济发展新常态的现实需要。创新作为中华文明深厚的内蕴，不仅为人类文明进步做出过巨大贡献，而且将成为推动国家兴旺发达的不竭动力。

（4）对改革开放：创新是改革开放的生命。我国改革开放事业进入攻坚克难的关键时期，更加呼唤改革创新的时代精神。

议学实践

（1）走进“空间站”，一览“天宫号”的内部构造，体验VR技术与展品结合带来的超强沉浸感（见图1）。

（2）试穿航天服（见图2）。

（3）参与“三维滚环”“360度自行车”“月面弹跳”等互动展项，体验航天员训练的艰辛。

（4）走进“飞向未来剧场”，观看人类征服宇宙遨游太空的球幕影片，还可参与体验互动式数字化天象科普讲堂的公开课。

图1

图2

议题二：创新永无止境

【议题情景3】

教师和小“爱丽丝”们来到三楼“三生：生命、生存、生活”区域。学生自由参观完后，教师带领学生来到交通科技厅，站在电动汽车模拟驾驶室前，向同学们介绍我国新能源汽车产业发展规划。

2020年11月，国务院办公厅印发《新能源汽车产业发展规划（2021—2035年）》，要求深入实施发展新能源汽车国家战略，推动中国新能源汽车产业高质量可持续发展，加快建设汽车强国。近年来，我国坚持纯电驱动战略取向，新能源汽车产业发展取得了巨大成就，但也面临核心技术创新能力不强、质量保障体系有待完善、基础设施建设仍显滞后、产业生态尚不健全、市场竞争日益加剧等问题。我们要以习近平新时代中国特色社会主义思想为指引，坚持创新、协调、绿色、开放、共享的发展理念；提高技术创新能力，加快建设共性技术创新平台，提升行业公共服务能力；构建新型产业生态，推动产业融合发展，完善基础设施体系；深化行业管理改革，健全政策法规体系，加强人才队伍建设，强化知识产权保护，加强组织协同，推动规划顺利实施。

议学活动

（1）结合材料，说一说我国当前发展新能源汽车面临哪些问题。

（2）结合材料，从建设创新型国家的角度，分析我国应如何推动新能源汽车产业高质量可持续发展。

议学总结

（1）当前，我国新能源汽车发展面临核心技术创新能力不强、质量保障体系有待完善、基础设施建设仍显滞后、产业生态尚不健全、市场竞争日益加剧等问题。

（2）第一，我们要以习近平新时代中国特色社会主义思想为指引，坚持创新、协调、绿色、开放、共享的发展理念。第二，增强自主创新能力，把创新摆在国家发展全局的核心位置，坚定不移地走中国特色自主创新道路。第三，必须落实科教兴国战略、人才强国战略和创新驱动发展战略，加强人才队伍建设。第四，加快形成有利于创新的治理格局和协同机制，提升行业公共服务能力，构建新型产业生态，推动产业融合发展，完善基础设施体系，深化行业管理改革，健全政策法规体系。第五，强化知识产权保护，掌握发展新能源汽车的核心技术。

教学内容二：创新永无止境

1. 我国科技创新现状

（1）成就：目前，我国在尖端技术的掌握和创新方面打下了坚实基础，在一些重要领域走在世界前列。

（2）不足：从整体上看，我国仍然面临创新能力不强、科技发展水平总体不高、科技对经济社会发展的支撑能力不足、科技对经济增长的贡献率远低于发达国家水平等问题。

2. 如何建设创新型国家？

（1）必须把创新摆在国家发展全局的核心位置，不断推进理论创新、制度创新、科技创新、文化创新等各方面创新，让创新贯穿党和国家一切工作，让创新在全社会蔚然成风。

（2）必须落实科教兴国战略、人才强国战略，将科技和教育摆在经济社会发展的重要位置，把经济建设重心转移到依靠科技进步和提高劳动者素质的轨道上来，加速实现国家的繁荣昌盛。

（3）大力发展教育，提高国民素质，培养创新型人才，促进人的全面发展。

（4）增强自主创新能力，坚持自主创新、重点跨越、支撑发展、引领未来的方针，坚定不移地走中国特色自主创新道路。

（5）必须加快形成有利于创新的治理格局和协同机制，搭建有利于创新的活动平台和融资平台，营造有利于创新的舆论氛围和法治环境。

（6）践行大众创业、万众创新的理念。企业是社会创新的重要力量，提升创新能力是企业持续发展之基、市场制胜之道。大国重器一定要掌握在自己手里。

3. 中学生应如何提高自身素质，培养创新能力？

（1）思想上：努力学习科学文化知识，树立远大理想，立志成才，增强社会责任感。

（2）行动上：培养兴趣和好奇心，拓宽思维，多角度思考问题；敢于质疑，善于质疑，敢于向权威挑战；把创新热情与科学求实的态度结合起来；从身边的小事做起，善于动手实践，积极参加科技小制作、小发明活动；发扬艰苦奋斗、自力更生精神等。

议学实践

（1）模拟驾驶电动汽车（见图3）。

（2）探索太阳能汽车能量转化原理（见图4）。

图3

图4

议题三：建设美丽中国

【议题情景4】

新能源汽车包括混合动力电动汽车、纯电动汽车（包括太阳能汽车）、燃料电池电动汽车和其他新能源汽车等类型。研究表明，电动汽车的能源效率已经超过汽油机汽车。特别是在城市运行时，汽车走走停停，行驶速度不高，电动汽车更加适宜。此外，电动汽车还具有无污染，噪音低，可有效减少人类对石油资源的依赖，减少二氧化碳排放量等优点。当前，全球新一轮科技革命和产业变革蓬勃发展，新能源汽车已成为全球汽车产业转型发展的主要方向和促进世界经济持续增长的重要引擎。发展新能源汽车是我国从汽车大国迈向汽车强国的必由之路，是应对气候变化、推动绿色发展的战略举措，对建设美丽中国、构建人类命运共同体具有重要意义。

议学活动

结合材料和所学知识，简述我国大力发展新能源汽车的原因。

议学总结

第一，我国面临着严峻的资源环境形势，严重的环境污染问题制约着我国经济社会的可持续发展。新能源汽车具有能源效率高、污染小等优点，对节约资源和保护环境十分有益。

第二，发展新能源汽车是满足人民日益增长的美好环境需要的要求，是坚持走绿色发展道路的需要，是实现我国经济社会高质量发展的需要，是加强生态文明、建设美丽中国、构建人类命运共同体的需要。

教学内容三：建设美丽中国

1. 我国面临资源问题、环境问题的现状

（1）资源问题现状：我国自然资源丰富，总量大，种类多，但人均资源占有量少，开发难度大，总体上资源紧缺。我国面临的资源形势非常严峻。

（2）环境问题现状：当前我国生态环境虽总体有所改善，但生态环境形势仍不容乐观；大气污染、水污染、土壤污染等各类环境问题时有发生，成为民生之患、民心之痛。

2. 坚持人与自然和谐共生的原因

（1）追求人与自然和谐共生，是人类面对生态危机做出的智慧选择。

（2）自然为人类的生存与发展提供滋养和必要条件。作为自然的一部分，人类也有责任避免自然受到不必要的伤害，同时要为开发和利用自然做出必要的补偿和修复。

（3）人类可以开发和利用自然，但不能肆意凌驾于自然之上，必须遵

循自然规律。如果我们对自然一味地索取，必然受到它的惩罚。

3. 美丽中国的内涵

（1）美丽中国，是环境之美、时代之美、生活之美、社会之美、百姓之美的总和。

（2）生态文明与美丽中国紧密相连，建设美丽中国，核心就是要按照生态文明要求，通过生态、经济、政治、文化及社会建设，实现生态良好、经济繁荣、政治和谐、人民幸福。

4. 如何践行“绿水青山就是金山银山”理念？

（1）要处理好经济发展与生态环境保护的关系。

（2）坚持绿色富国，让人民群众切实感受到经济发展带来的环境效益。

（3）坚持绿色惠民，将良好生态环境作为最普惠的民生福祉，激发人民群众的绿色创造热情，实现绿色富国之梦。

（4）坚持节约优先、保护优先、自然恢复为主的方针，大力倡导节能、环保、低碳、文明的绿色生产生活方式，让绿色发展理念渗透到人们日常生活的细节中，成为每个社会成员的自觉行动。

（5）必须严守资源消耗上限、环境质量底线、生态保护红线。

（6）实行最严格的生态环境保护制度，全面建立资源高效利用制度，健全生态保护和修复制度，严明生态环境保护责任制度，才能为生态文明建设提供可靠保障。

5. 为建设美丽中国，青少年应该怎样做？

（1）树立绿色、低碳生活理念，养成物尽其用、减少废弃物的文明行为。

（2）拒绝购买过度包装产品，选购无包装、简易包装、大容量包装产品。

（3）少用或不用一次性产品，选购和使用可再生材料制品。

（4）节约粮食，减少浪费，适量点餐，践行“光盘行动”。

（5）绿色出行，尽量搭乘公共交通工具，减少私家车出行，多骑自行车。

（6）学习垃圾分类的知识，培养垃圾分类好习惯。

议学实践

1. 参观生态家园厅，了解《十面霾伏》（见图5）、《全时低碳》、《酸雨》等展品。

2. 科技馆内项目比赛：垃圾分类（见图6）、节水冠军、新能源发电。

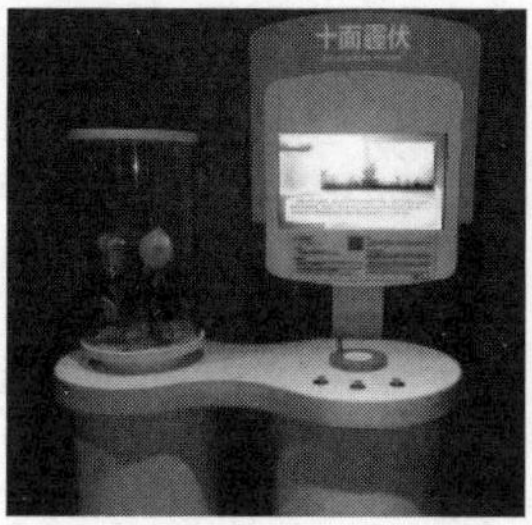

图5

图6

资源链接

1. 高质量经济发展

高质量发展，就是能够很好满足人民日益增长的美好生活需要的发展，是体现新发展理念的发展，是创新成为第一动力、协调成为内生特点、绿色成为普遍形态、开放成为必由之路、共享成为根本目的的发展。从供给看，高质量发展应该实现产业体系比较完整，生产组织方式网络化智能化，创新力、需求捕捉力、品牌影响力、核心竞争力强，产品和服务质量高。从需求看，高质量发展应该不断满足人民群众个性化、多样化、不断升级的需求，这种需求又引领供给体系和结构的变化，供给变革又不断催生新的需求。从投入产出看，高质量发展应该不断提高劳动效率、资本效率、土地效率、资源效率、环境效率，不断提升科技进步贡献率，不断提高全要素生产率。从分配看，高质量发展应该实现投资有回报、企业有利润、员工有收入、政府有税收，并且充分反映各自按市场评价的贡献。从宏观经济循环看，高质量发展应该实现生产、流通、分配、消费循环通畅，国民经济重大比例关系和空间布局比较合理，经济发展比较平稳，不出现大的起落。更明确地说，高质量发展，就是从“有没有”转向“好不好”。

2. 创新驱动发展战略

坚持创新在我国现代化建设全局中的核心地位，把科技自立自强作为国家发展的战略支撑，加强国家创新体系建设，强化战略科技力量，推动科技创新和经济社会发展深度融合，塑造更多依靠创新驱动、更多发挥先发优势的引领型发展。

实施创新驱动发展战略，对提高经济增长质量和效益，降低资源能源消耗，改善生态环境，建设美丽中国具有长远意义。

3. 视频：《点亮北斗，走向世界》

视频网址：http://www.beidou.gov.cn/zy/bdsp/202007/t20200731_20877.html。

考核评价

1. 过程性评价

教师以学生参观四川科技馆整个过程中的行为表现为评分的主要依据，对学生回答问题的积极性、准确性，小组合作探究中提出问题、分析问题、解决问题的能力，议学实践过程中表现出的集体意识与纪律意识等多方面进行综合评价，教师全程做好记录。

2. 成果性评价

（1）“小小科创家”主题活动。

①废旧物品改造（见图7）。

②制作科学手抄报（见图8）。

③撰写科学小论文。

④参加科创比赛：“未来之城”国际比赛（见图9）。

（2）“环保小卫士”主题活动。

①对班级或家庭一天产生的垃圾进行科学分类。

②低碳微行动。

③研究性学习：关于成都市空气质量治理的设计方案。

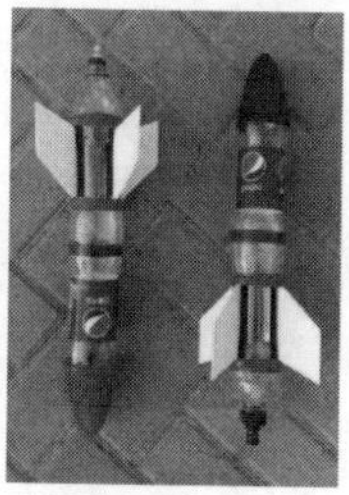
图7

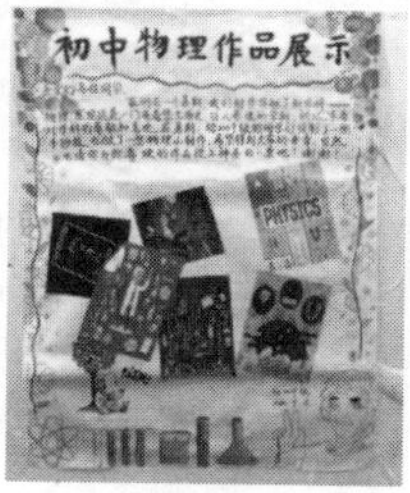

图8

图9

参考文献

[1] 习近平. 习近平谈治国理政：第三卷 [M]. 北京：外文出版社，2020

[2] 人民教育出版社课程教材研究所. 道德与法治：九年级上册教师教学用书 [M]. 北京：人民教育出版社，2018.

高中段：新时代的幸福密码
——贯彻新发展理念，建设现代化经济体系，推动经济高质量发展

教学目标

通过本课学习，学生能够了解我国经济发展为何要坚持以人民为中心，明确贯彻新发展理念及建设现代化经济体系的必要性，理解并认同我国建设现代化经济体系的措施，能够准确运用新发展理念解决生活中的实际问题。

重点难点

1. 教学重点

以人民为中心思想，新发展理念的主要举措。

2. 教学难点

建设现代化经济体系的必要性及措施。

学情分析

通过上一阶段的学习，学生已经掌握了我国的生产资料所有制和我国的社会主义市场经济体制相关的知识内容，对当前我国的基本经济制度相关知识有了一定的认识；高一下学期的学生在理性和深度思维能力上比初中时期已经有了很大程度的提升，他们需要理解掌握党和国家在新时代经济方面的宏观战略，与祖国同呼吸共命运。本学段将重点引导学生理解掌握在中国特色社会主义进入新时代的背景下，我国经济发展与社会进步必须坚持以人民为中心的发展思想，坚持创新、协调、绿色、开放、共享的新发展理念；作为时代新人必须明白国家强，我国的经济体系必须强；必须大力发展我国的实体经济，深化供给侧结构性改革，推动城乡、区域协调发展，实施乡村振兴战略，推动我国经济高质量发展。

设计思路

1. 设计理念

本部分的基本任务是回答“我国如何实现经济高质量发展”这个问题。本课教学设计采用议题探究法，以“新时代的幸福密码——贯彻新发展理念，建设现代化经济体系，推动经济高质量发展”为总议题，以成都如何实现高质量发展为主线展开教学。首先，引导学生了解成都市政府为民生做的实事，体会党和国家坚持以人民为中心的发展思想，并分析我国坚持以人民为中心的发展思想的原因和要求；其次，通过分析成都发展之困，探讨我国新时代坚持贯彻创新、协调、绿色、共享、开放的新发展理念的原因和要求；最后，通过分析成都发展迈向高质量，理解并掌握我国构建现代经济体系的要求。

2. 思维导图

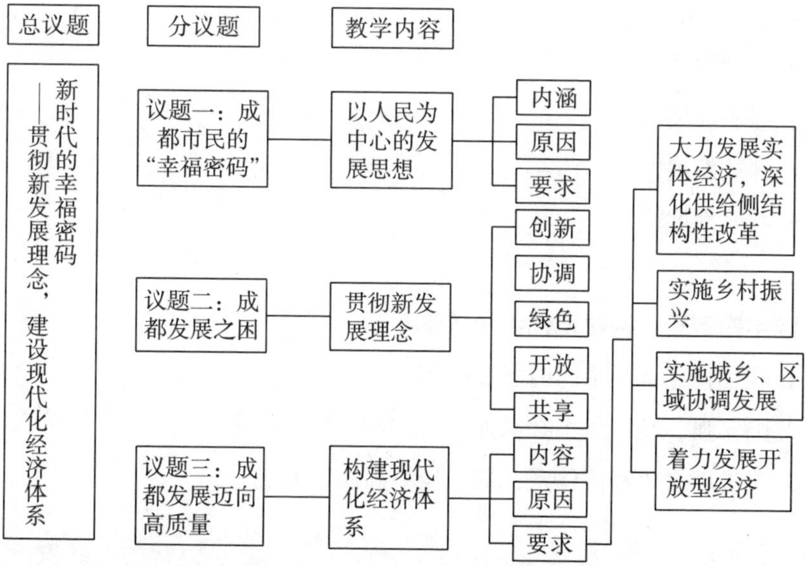

教学方法

议题探究法、情景教学法、比较分析法。

教学内容

教学内容一：以人民为中心的发展思想

1. 坚持以人民为中心的发展思想的内涵

2. 坚持以人民为中心的发展思想的原因

3. 坚持以人民为中心的发展思想的要求

教学内容二：贯彻新发展理念

1. 创新发展

2. 协调发展

3. 绿色发展

4. 开放发展

5. 共享发展

教学内容三：构建现代化经济体系

1. 现代化经济体系的内涵及内容

2. 国家强，经济体系必须强

3. 建设现代化经济体系，推动经济高质量发展

实施方案

总议题：新时代的幸福密码

贯彻新发展理念，建设现代化经济体系，推动经济高质量发展

在刚刚揭晓的“2020中国最具幸福感城市”榜单上，四川成都再次稳居第一，连续12年获得“最具幸福感城市”冠军。这份荣耀，让“幸福城市”成为成都一张闪亮的城市名片。

议题一：成都市民的“幸福密码”

【议题情景1】

成都连续12年获得“最具幸福感城市”冠军，这座城市的幸福密码是什么呢？成都市政府坚持做到城镇登记失业率保持在4%以内，推动实现更高质量、更高层次就业；成都市始终把教育放在优先发展的战略位置，下决心从2021年开始用三年时间完成优质幼儿园和中小学布局，新增28万个以上学位；构建均衡协调、一体高效的“15分钟健康服务圈”；要积极推动卫生健康事业高质量发展，到2020年成都市三甲医院已达30家以上，居民人均期望寿命81岁以上；人居环境方面成都全力打响“雪山下的公园城市”这一品牌，“串珠成链”构建旅游环线，带动区域经济发展和群众致富增收，真正让“绿水青山”变成“金山银山”。（也可播放视频《成都的“公园城市”期待为全球城市可持续发展提供新模式》）

议学活动

（1）请小组代表展示课前搜集的有关成都在打造高品质生活宜居地，“给你稳稳的幸福”方面的材料，视频、图片均可。

（2）请结合所展示的材料谈一谈：成都市民获得“稳稳的幸福”根本原因是什么？

议学总结

（1）略

（2）成都市政府坚持以人民为中心，民生无小事。成都市政府把人民群众的就业、教育、卫生、人居环境等人民最关心、最直接、最现实的利益问题，放在政府工作的重要位置，把增进民生福祉作为发展的根本目的。在习近平新时代中国特色社会主义思想中，以人民为中心思想居于基础性的突出位置，贯穿于习近平新时代中国特色社会主义思想的各个方面。

教学内容一：以人民为中心的发展思想

1. 坚持以人民为中心的发展思想的内涵

坚持以人民为中心的发展思想，就是把实现人民幸福作为发展的目的和归宿，做到发展为了人民、发展依靠人民、发展成果由人民共享。

2. 坚持以人民为中心的发展思想的原因

以人民为中心的发展思想，反映了坚持人民主体地位的内在要求，彰显了人民至上的价值取向，确立了新发展理念必须始终坚持的基本原则。

3. 坚持以人民为中心的发展思想的要求

（1）发展为了人民，就是要从人民群众的根本利益出发谋发展、促发展，不断满足人民对美好生活的需要，努力促进人的全面发展。

（2）发展依靠人民，就是要把人民作为发展的力量源泉，充分尊重人民主体地位和人民群众的首创精神，不断从人民群众中汲取智慧和力量，依靠人民创造历史伟业。

（3）发展成果由人民共享，就是要使发展成果惠及全体人民，不断保障和改善民生、增进人民福祉，走共同富裕道路，彰显制度优势。

议题二：成都发展之困

【议题情景2】

成都作为一座西部城市，其发展也遇到发展困境。例如：

问题1：科技创新能力较弱、科技资源配置机制欠佳、金融支持体制不完善等。

问题2：随着城市发展，成都的一系列大城市病状就出现了。2014年成都主城区人口密度达2万人/平方公里以上，高于日本东京。据《2018中国城市通勤研究报告》显示，成都市平均单边通勤时间为46分钟，平均单程通勤路程达9.3公里，市民在单程通勤路程和单边通勤时间上花费太多。

问题3：如何能在保障经济发展的基础上，改善成都市的空气环境成了当下最急切也是最为困难的问题。

问题4：与发达地区相比，成都对外贸易差距较大。如总量规模偏小、结构有待优化、对外投资缺乏竞争力、促进政策缺失、高端平台数量少，迫切需要寻找新的突破口。

问题5：人人共建、人人共享，是经济社会发展的理想状态。目前，成都在生活性服务业、城乡社区改造、优质公共服务供给、社区服务水平等方面还存在差距。

议学活动

（1）结合上述材料谈一谈：成都经济发展之困有哪些？

（2）成都为什么要贯彻共享发展理念？成都市委、市政府应如何坚持好这一理念？

议学总结

（1）成都发展之困涉及创新、协调、绿色、开放、共享发展。

（2）原因：①成都发展迈向高质量的关键在创新。重视科技创新，是经济高质量发展的重要动力，有利于成都实现新旧动能转换，推动核心技术攻关、产业转型升级，保障产业安全；有利于成都发展核心技术，突破制约经济发展的瓶颈；有利于调整经济结构、转变经济发展方式，推动高质量发展。②注重协调发展有利于增强发展的整体性，推动经济持续健康发展。③注重绿色发展有利于人与自然和谐共生，真正实现人民对美好生活的追求。④注重开放发展、建设开放型经济平台体系是顺应我国经济深度融入世界经济趋势的需要，有利于发展更高层次的开放型经济，推动构建人类命运共同体。⑤坚持共享发展是我们党坚持全心全意为人民服务根本宗旨的重要体现，能使全体人民有更多获得感、幸福感、安全感，朝着共同富裕方向稳步前进。

教学内容二：贯彻新发展理念

新发展理念的内涵是：创新、协调、绿色、开放、共享。新发展理念是习近平新时代中国特色社会主义经济思想的主要内容。创新、协调、绿色、开放、共享的发展理念，相互贯通、相互促进，是具有内在联系的集合体，要统一贯彻，不能顾此失彼，也不能相互替代。

1. 创新发展

创新发展注重的是解决发展动力问题。

（1）创新发展注重的是解决发展的动力问题。创新是引领发展的第一动力，是建设现代化经济体系的战略支撑，是发展的基点。加强核心技术攻关是产业转型升级的必由之路，是实现新旧动能转换的重要抓手，是保障产业安全的关键举措。

（2）我国自主创新能力弱，缺少自主知识产权和核心技术，成为制约我国经济发展的瓶颈。

（3）有利于调整经济结构、转变经济发展方式，推动我国经济高质量发展。

（4）有利于把握发展的主动权，提高我国经济的国际竞争力。

2. 协调发展

协调发展注重的是解决发展不平衡问题；协调发展是持续健康发展的内在要求，是发展平衡和不平衡的统一。坚持协调发展，要正确处理发展中的重大关系，重点促进城乡协调发展，促进经济社会协调发展，促进新型工业化、信息化、城镇化、农业现代化同步发展，不断增强发展的整体性。

3. 绿色发展

绿色发展注重的是解决人与自然和谐共生问题。绿色发展是永续发展的必要条件和人民对美好生活追求的重要体现，生态文明建设是关系中华民族永续发展的千年大计。坚持绿色发展，要坚持节约资源和保护环境的基本国策，坚持可持续发展，坚定走生产发展、生活富裕、生态良好的文明发展道路，建设美丽中国，形成节约资源和保护环境的空间格局、产业结构、生产方式、生活方式，建设人与自然和谐共生的现代化。

4. 开放发展

开放发展注重的是解决发展内外联动问题。开放带来进步，封闭必然落后，开放是国家繁荣发展的必由之路。坚持开放发展，要顺应我国经济深度融入世界经济的趋势，奉行互利共赢的开放战略，遵循共商共建共享原则，发展更高层次的开放型经济，推动构建人类命运共同体。

5. 共享发展

共享发展注重的是解决社会公平正义问题。原因：广大人民群众共享改革发展成果，是社会主义的本质要求。共享发展是我们党坚持全心全意为人民服务根本宗旨的重要体现。要求：坚持共享发展，要做出有效的制度安排，坚持全民共享、全面共享、共建共享、渐进共享，使全体人民有更多获得感、幸福感、安全感，朝着共同富裕方向稳步前进。

议题三：成都发展迈向高质量

【议学情景3】

成都构建现代化经济体系、实现协同发展，如下图：

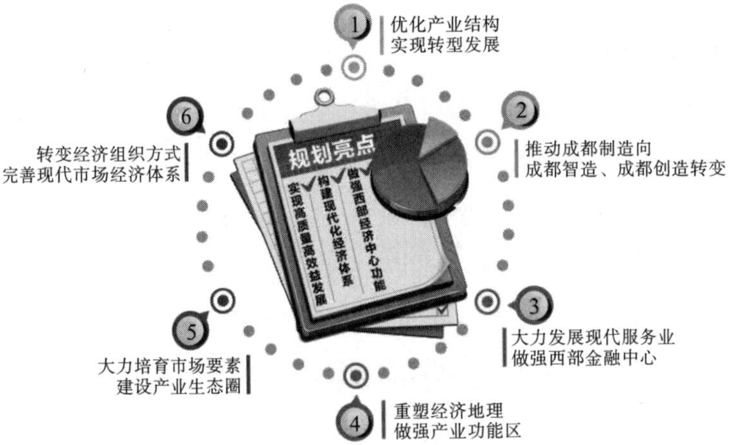

（摘编自《成都工业和信息化》）

为全面提升成都的国际竞争力和区域带动力，成都市出台了《中共成都市委关于全面贯彻新发展理念　加快推进高质量发展的决定》（以下简称《决定》）以及《成都市高质量现代化产业体系建设改革攻坚计划》（以下简称《攻坚计划》）。《决定》着眼转变城市发展方式、优化经济结构、转换增长动力，加快转型发展、创新发展、跨越发展，旨在推动形成产业结构优化、创新活力旺盛、区域布局协调、城乡发展融合的发展新格局。

成都市发改委主任杨羽表示，现代化产业体系是经济高质量发展的核心支撑和关键所在。《攻坚计划》着力振兴实体经济，积极发展新经济培育新动能，助推成都市加快形成一批过千亿、过五千亿、过万亿的世界级现代化产业集群，全面塑造城市发展新优势。成都将以电子信息、装备制造、医药健康、新型材料和绿色食品产业为重点，全面推动产业集群成链发展，在产能规模、研发创新、标准品牌等方面提升核心竞争力。

建立现代化经济体系，未来成都还将依托国际空港和国际铁路港两大国际枢纽港来构建国际通道网络体系，以此提升成都经济对全球资源的集成力、影响力以及营商环境的竞争力和服务能力，助力经济高质量发展。

建立现代化经济体系，成都将加快培育产业生态圈创新生态链，努力构建以轨道交通、航空、现代物流三大产业为主导，以医药、食品、家具等传统优势产业为支撑，以乡村旅游、健康养老、生活服务等服务业为方向的现代化产业体系。

议学活动

结合上述材料谈一谈：成都经济发展迈向高质量的原因有哪些？

议学总结

原因：重视创新引领、建立协同发展的产业体系，实现科技创新、现代金融、实体经济、开放共赢等方面协同发展。

教学内容三：构建现代化经济体系

1. 现代化经济体系的内涵及内容

（1）现代化经济体系，是由社会经济活动各个环节、各个层面、各个领域的相互关系和内在联系构成的一个有机整体。

（2）现代化经济体系包括以下7个方面：

①创新引领、协同发展的产业体系（实现实体经济、科技创新、现代金融、人力资源协同发展）。

②统一开放、竞争有序的市场体系（实现市场准入畅通、市场开放有序、市场竞争充分、市场秩序规范，加快形成企业自主经营公平竞争、消费者自由选择自主消费、商品和要素自由流动平等交换的现代市场体系）。

③体现效率、促进公平的收入分配体系。

④彰显优势、协调联动的城乡区域发展体系（实现区域良性互动、城乡融合发展、陆海统筹整体优化，培育和发挥区域比较优势，加强区域优势互补，推动区域结构优化重塑）。

⑤资源节约、环境友好的绿色发展体系（树立和践行“绿水青山就是金山银山”理念，实现绿色循环低碳发展，人与自然和谐共生）。

⑥多元平衡、高效安全的全面开放体系。

⑦充分发挥市场作用，更好发挥政府作用的经济体制。

2. 国家强，经济体系必须强

建设现代化经济体系是转变经济发展方式、优化经济结构、转换经济增长动力、推动经济高质量发展的必然要求。

只有形成符合国情、具有中国特色的现代化经济体系，才能更好顺应现代化发展潮流，赢得国际竞争主动，为其他领域现代化提供有力支撑，为实现人民对美好生活的向往打下坚实而强大的物质基础。

【议题情景4】

建设现代化经济体系，未来成都的实体经济将得到进一步发展。目前，成都先进制造业整体能力已有提升，以电子信息、装备制造、医药健康、新型材料和绿色食品产业为代表的一大批产业集群正处于发展的重要时期。当前，成都市先进制造业聚焦了集成电路、生物医药、人工智能等20个重点行业领域。

成都在区域协调发展中的发力点，大力推动成渝地区双城经济圈建设，在西部形成高质量发展的重要增长极，着力打造国家西部大开发的门户城市、成渝相向发展的新兴极核、引领新经济发展的产业新城、彰显天府文化的东部家园。

成都大力实施乡村振兴战略。成都邛崃孔明街道郭山村近年的巨大变化是成都乡村振兴的缩影。环绕400亩茶园和花卉景观带，郭山村近年建设了3公里茶兰绿道，位于绿道沿线的农房、田地参与了再造乡村发展计划，民宅变农家乐、农房变客房，村民不仅收入节节高，生活品质也提高了不少。

成都市委、市政府印发了《建设西部对外交往中心行动计划（2017—2022年）》（以下简称《行动计划》）。《行动计划》指出：到2022年，努力把成都建设成为国家内陆开放型经济高地和国际友好往来门户城市，推动泛欧泛亚有重要影响力的国际门户枢纽城市建设取得明显成效。

议学活动

根据成都市的发展成就谈一谈：成都建立现代经济体系的措施有哪些？

议学总结

成都建立现代经济体系的措施有：发展实体经济，实施乡村振兴战略，推进城乡、区域协调发展。

3. 建设现代化经济体系，推动经济高质量发展

1）大力发展实体经济，深化供给侧结构性改革

（1）现状：当前我国存在着实体经济不实，虚拟经济太虚，以及金融对实体经济的支持力度还有待提高的情况。

（2）实体经济的地位：实体经济是物质产品和精神产品的生产、销售及提供相关服务的经济活动，是一国经济的立身之本，是国家强盛的重要支柱。要把发展经济的着力点放在实体经济上，筑牢现代化经济体系的根基。

（3）如何发展实体经济?

国家：深化供给侧结构性改革；加快发展先进制造业；推动互联网、大数据、人工智能同实体经济深度融合；营造脚踏实地、勤劳创业、实业致富的发展环境和社会氛围；实施创新驱动战略，增强实体经济发展新动能、新优势。实施积极的财税政策和金融货币政策，促进资金流向“脱虚向实”。发挥人力资本作用，更加注重调动和保护人的积极性；降低制度性交易成本，着力营造良好的市场环境；构建对外开放新格局，营造有利于实体经济发展的外部环境。

企业：提高企业自主创新能力，提高实体企业核心竞争力；重视产品质量，打造优质高端产品，增强实体企业的市场竞争力；加强品牌建设，形成具有自主知识产权的名牌产品，提高实体企业的竞争新优势；通过有效“激励机制”，发挥企业家精神，为实体企业发展提供人才保障。

2）实施乡村振兴战略

实施乡村振兴的必要性：“三农”问题是关系国计民生的根本性问题，必须始终把解决好“三农”问题作为全党工作重中之重。

实施乡村振兴战略的举措：坚持农业农村优先发展；按照产业兴旺、生态宜居、乡风文明、治理有效、生活富裕的总要求，建立健全城乡融合发展体制机制和政策体系，加快推进农业农村现代化。

3）建设城乡区域协调发展体系，实施区域协调发展战略

实现城乡区域良性互动、城乡融合发展、陆海统筹整体优化，培育和发挥区域比较优势，加强区域优势互补，塑造区域协调发展新格局。

加大力度支持革命老区、民族地区、边疆地区、贫困地区加快发展，强化举措推进西部大开发形成新格局，深化改革加快东北等老工业基地振兴，发挥优势推动中部地区崛起，创新引领率先实现东部地区优化发展，建立更加有效的区域协调发展新机制。

4）建设更高水平开放型经济新体制，着力发展开放型经济

建设更高水平开放型经济新体制，推动开放朝着优化结构、拓展深度、提高效益方向转变。要更好利用全球资源和市场，继续推进“一带一路”框架下的国际交流合作，形成陆海内外联动、东西双向互济的开放格局，共同推动经济全球化朝着更加开放、包容、普惠、平衡、共赢的方向发展。

现代经济体系是一个统一整体，要在新发展理念的指导下一体建设、一体推进。

总之，推动经济高质量发展，必须坚持社会主义基本经济制度，充分发挥市场在资源配置中的决定性作用，更好地发挥政府作用，全面贯彻新发展理念，坚持以供给侧结构性改革为主线，加快建设现代化经济体系。

资源链接

1. 视频地址

《成都的“公园城市”期待为全球城市可持续发展提供新模式》

https：//v.youku.com/v_show/id_XNDk2NjQ5NTYzMg==.html（《成视新闻》—CDTV-1）

2. 经济新常态

习近平总书记第一次提及“新常态”是在2014年5月10日考察河南的行程中。当时，他说：“新常态，“新”就是“有异于旧质”，“常态”就是时常发生的状态。新常态就是不同以往的、相对稳定的状态。这是一种趋势性、不可逆的发展状态，意味着中国经济已进入一个与过去30多年高速增长期不同的新阶段。即经济增长从高速转向中高速，经济结构不断优化升级，动力从要素驱动、投资驱动转向创新驱动。

（摘编自人民网）

考核评价

方式多样，注重引导。小组资料调查评价；课堂积极思考发言评价；定时专题练习评价；引导学生自主独立深度思考，树立正确的国家观、经济观。

【阅读材料，探究思考】

党的十九大作出“我国社会主要矛盾已经转化为人民日益增长的美好生活需要和不平衡不充分的发展之间的矛盾”的重大判断。党的十九届五中全会提出，“十四五”经济社会发展要以推动高质量发展为主题，这是根据我国发展阶段、发展环境、发展条件变化作出的科学判断。“十四五”时期，推动解决发展不平衡不充分问题，使优质产品和服务的供给更加充分，这归根到底要靠高质量发展。

（资料来源：《中国青年报》）

在我国进入新时代，主要矛盾已发生变化的情况下，我国应如何在“十四五”时期推动经济社会的高质量发展？

参考文献

［1］亚当·斯密. 国富论［M］. 北京：华夏出版社，2017.

［2］刘开海，王华民，刘露. 实体经济学［M］. 北京：华夏出版社，2016.

大学段：创新发展理念 转变发展方式
——新常态下开创经济高质量发展新局面

教学目标

通过本章内容的学习，学生能够掌握我国经济发展进入新常态的基本依据，认识到推动经济高质量发展是推动我国经济转型的现实需要；熟悉新发展理念、供给侧结构性改革、建设现代化经济体系等理论的内涵，并学会运用上述观点分析中国的经济现象。

重点难点

1. 教学重点

（1）我国经济发展进入新常态的基本依据；（2）新发展理念；（3）供给侧结构性改革；（4）政府与市场的关系。

2. 教学难点

供给侧结构性改革。

学情分析

通过上一阶段的学习，学生已经初步了解“新发展理念”“以人民为中心”“现代化经济体系”等知识点，对推动经济高质量发展具有一定的认识，在一定程度上掌握了运用上述理论分析生活中相关问题的能力。

本学段学生的身心特点：学生自我意识、独立意识和自觉性突出，思维活跃，具有丰富的想象力，心智趋于成熟，但世界观、价值观、人生观具有较强的可塑性，应当及时地加以引导。

本学段将围绕为什么要推动经济高质量发展、如何推动经济高质量发展两个问题，逐一分析推动经济高质量发展的时代背景——我国经济发展进入新常态，推动经济高质量发展的具体措施——新发展理念、供给侧结构性改革、建设现代化经济体系。让学生对推动经济高质量发展具有更深刻的认识，从而树立正确的发展观，并自觉维护党和国家的各项经济决策。

设计思路

1. 设计理念

本教学设计首先分析了推动经济高质量发展提出的时代背景，即随着我国经济发展进入新常态，经济高质量发展是推动我国经济转型的现实需要。在此基础上，从新发展理念、供给侧结构性改革、建设现代化经济体系等方面全面阐释了推动经济高质量发展的具体措施。

2. 思维导图

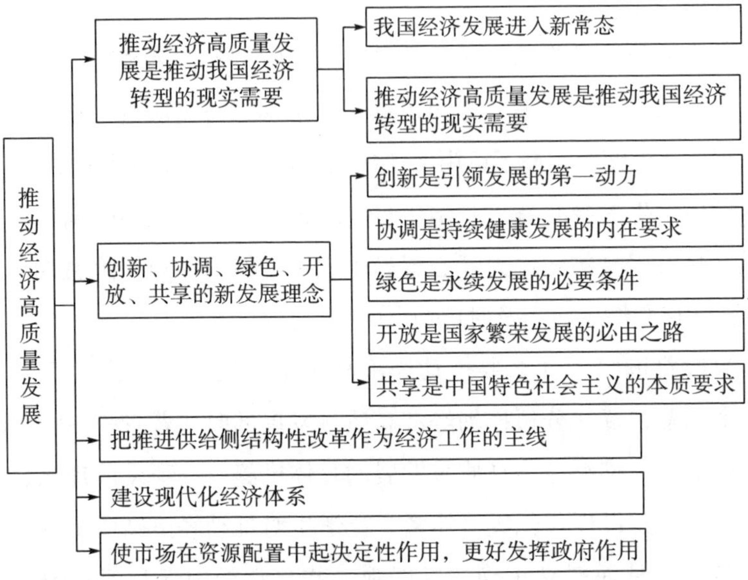

教学方法

案例式教学法、讨论式教学法、引导分析法和讲授教学法。

教学内容

教学内容一：推动经济高质量发展是推动我国经济转型的现实需要

1. 我国经济发展进入新常态

2. 推动经济高质量发展是推动我国经济转型的现实需要

教学内容二：创新、协调、绿色、开放、共享的新发展理念

1. 创新是引领发展的第一动力

2. 协调是持续健康发展的内在要求

3. 绿色是永续发展的必要条件

4. 开放是国家繁荣发展的必由之路

5. 共享是中国特色社会主义的本质要求

教学内容三：把推进供给侧结构性改革作为经济工作的主线

教学内容四：建设现代化经济体系

教学内容五：使市场在资源配置中起决定性作用，更好发挥政府作用

实施方案

改革开放以来，中国经济总量迈上新台阶，人民生活水平极大提高，对外开放程度不断加深，经济发展取得了举世瞩目的成就，同时，高投入、低产出，发展质量不高，资源紧缺，环境污染严重，存在的问题也越来越突出。同时，发展不平衡不充分的一些突出问题尚未解决，发展质量和效益还不高，创新能力不够强，实体经济水平有待提高，生态环境保护任重道远；民生领域还有不少短板，脱贫攻坚任务艰巨，城乡区域发展和收入分配差距依然较大，群众在就业、教育、医疗、居住、养老等方面面临不少难题；等等。这些问题，必须着力加以解决。新发展理念就是针对这些问题提出的。2008年国际金融危机深层次影响持续蔓延，西方国家结束黄金增长期，世界经济进入深度调整期，世界经济复苏乏力，国际贸易低迷，金融市场跌宕起伏，保护主义明显抬头。

2017年，党的十九大报告作出“我国经济已由高速增长阶段转向高质量发展阶段”的重大判断，并对贯彻新发展理念、建设现代化经济体系作出一系列部署。

新时代我国经济发展的基本特征，是由高速增长阶段转向高质量发展阶段。高质量发展，集中体现了坚持以提高发展质量和效益为中心，是为了更好满足人民日益增长的美好生活需要的发展，是体现新发展理念的发展。更通俗地说，高质量发展，就是从“有没有”转向“好不好”。推动高质量发展，对于我国发展全局具有重大现实意义和深远历史意义。

教学内容一：推动经济高质量发展是推动我国经济转型的现实需要

1. 我国经济发展进入新常态

全面认识和把握新常态，需要从时间和空间的大角度审视我国发展。从历史长过程看，我国经济发展历程中新状态、新格局、新阶段总是在不断形成，经济发展新常态是这个长过程中的一个阶段，这完全符合事物发展螺旋式上升的运动规律。

党的十八大以来，面对极其错综复杂的国内外经济形势，以习近平同志为核心的党中央审时度势，从我国经济发展的阶段性特征出发，作出我国经济发展进入新常态的战略判断。主要表现为经济增长速度换挡期、结构调整阵痛期和前期刺激政策消化期三期叠加。面临着经济发展速度换挡节点，如同一个人10岁至18岁期间个子猛长，18岁之后长个子的速度就慢下来了；面临着经济发展结构调整节点，低端产业产能过剩要集中消化，中高端产业要加快发展，过去生产什么都赚钱、生产多少都能卖出去的情况不存在了；面临着经济发展动力转换节点，低成本资源和要素投入形成的驱动力明显减弱，经济增长需要更多驱动力创新。

从空间上看，我国出口优势和参与国际产业分工模式面临新挑战，经济发展新常态是这种变化的体现。从一些世界贸易大国的实践看，当货物出口占世界总额的比重达到10%左右，就会出现拐点，增速要降下来。我国货物出口占世界总额的比重，2010年超过10%，2014年达到12.3%。这意味着我国出口增速拐点已经到来，今后再要维持出口高增长、出口占国内生产总值的高比例已不大可能。这就要求必须把经济增长动力更多放在创新驱动和扩大内需特别是消费需求上。

从时空两方面综合来看，我国发展的环境、条件、任务、要求等都发生了新的变化，经济发展进入新常态。

新常态下，我国经济发展的主要特点是：增长速度要从高速增长转向中高速，发展方式要从规模速度型转向质量效率型，经济结构调整要从增量扩能为主转向调整存量、做优增量并举，发展动力要从主要依靠资源和低成本劳动力等要素投入转向创新驱动。

面对这种新变化新情况，再沿袭粗放发展模式，简单地追求增长速度，显然行不通，必须确立新发展理念来引领和推动我国经济从高速增长阶段转向高质量发展阶段，不断开创经济发展新局面。

经济发展新常态下，尽管经济面临较大下行压力，但经济发展长期向好的基本面没有变，经济韧性好、潜力足、回旋余地大的基本特质没有变，经济持续增长的良好支撑基础和条件没有变，经济结构调整优化的前进态势没有变，可谓是“换挡不失势”。要把握这些大势，彻底抛弃用旧的思维逻辑和方式方法再求高增长的想法，切实把思想和行动统一到党中央重大判断和决策部署上来。要始终坚持以经济建设为中心，变中求新、新中求进、进中突破，推动我国经济实现高质量发展。

2. 推动经济高质量发展是推动我国经济转型的现实需要

高质量发展是发展经济学的核心概念。高质量发展也叫经济高质量发展，真正的经济发展都是高质量发展。经济高质量发展是经济数据精确、营商环境优化、产品质量保证、资源精准对接与优化配置的增长方式，是创新驱动型经济的增长方式，是创新高效节能环保高附加值的增长方式，是智慧经济为主导、高附加值为核心，质量主导数量，GDP无水分，推动产业不断升级，推动经济建设、政治建设、文化建设、社会建设、生态文明建设“五位一体”全面可持续发展的增长方式。创新性、再生性、生态性、精细性、高效益，是经济高质量发展的本质特征。经济高质量发展，实现了增长与发展的统一、增长方式与发展模式的统一。经济高质量发展是现代化经济体系的本质特征，也是供给侧结构性改革的根本目标。

（1）推动高质量发展是保持经济持续健康发展的必然要求。过去，粗放型经济发展方式在我国发挥了很大作用，加快了我国经济发展步伐，但现在再按照过去那种粗放型经济发展方式来做，不仅国内条件不支持，国际条件也不支持，是不可持续的。如今，我国一年的经济增量，就相当于一个中等发达国家的经济规模。由于体量和基数变大，每增长一个百分点，在保就业、惠民生方面的效应明显增大，同时，每增长一个百分点，对资源环境的消耗也成倍增加。中国经济既“做不到”也“受不了”像过去那样高速增长。我国正处于转变经济发展方式的关键阶段，劳动力成本上升，资源环境约束增大，粗放的发展方式难以为继，经济循环不畅问题十分突出。同时，世界新一轮科技革命和产业革命方兴未艾。我们必须推动高质量发展，以适应科技新变化、人民新需要，形成优质高效多样化的供给体系，提供更多优质产品和服务。这样，供求才能在新的水平上实现均衡，我国经济才能持续健康发展。

（2）推动高质量发展是适应我国社会主要矛盾变化的必然要求。我国社会主要矛盾发生了重大变化，我国经济发展阶段也在发生历史性变化，不平衡不充分的发展就是发展质量不高的表现。我们要重视量的增长，但更要重视解决质的问题，在质的大幅提升中实现量的有效增长。要解决我国社会主要矛盾，就必须推动高质量发展。通过高质量发展，实现产业体系更加完整，生产组织方式网络化、智能化，创新力、需求捕捉力、品牌影响力、核心竞争力不断增强，产品和服务质量不断提高，更好地满足人民群众个性化、多样化、不断升级的需求。

（3）推动高质量发展是遵循经济规律发展的必然要求。有关研究表明，20世纪60年代以来，全球100多个中等收入经济体中只有十几个成为高收入经济体。那些取得成功的国家和地区，就是在经历高速增长阶段后实现了经济发展从量的扩张转向质的提高。那些徘徊不前甚至倒退的国家和地区，就是没有实现这种根本性转变。经济发展是一个螺旋式上升的过程，上升不是线性的，量积累到一定阶段，必须转向质的提升，我国经济发展也要遵循这一规律。通过高质量发展，实现投资有回报、企业有利润、员工有收入、政府有税收，实现生产、流通、分配、消费循环通畅，国民经济重大比例关系和空间布局比较合理，经济发展比较平衡，不出现大的起落，逐步进入高收入经济体行列。

在我国这样一个经济和人口规模巨大的国家，高速增长阶段转向高质量发展阶段并不容易，不可能一夜之间就实现。一方面，必须跨越非常规的我国经济发展现阶段特有的关口，要着重打好防范化解重大风险、精准脱贫、污染防治三大攻坚战。这个关口特别是防范化解金融风险的关口过不去，全面建成小康社会就会失去前提条件。另一方面，必须跨越常规性的、长期性的关口，大力转变经济发展方式、优化经济结构、转换增长动力，特别是要净化市场环境，提升人力资本素质，增强国家治理能力。这个关口过不去，提前15年基本实现社会主义现代化的目标就会落空，到本世纪中叶全面建成社会主义现代化强国的目标就难以实现。要增强跨越关口的紧迫感和责任感，统筹做好跨越关口的顶层设计，把各项工作做好做实。

教学内容二：创新、协调、绿色、开放、共享的新发展理念

新发展理念是在深刻总结国内外发展经验教训、分析国内外发展大势的基础上形成的，也是针对我国发展中的突出矛盾和问题提出来的。

2017年10月，党的十九大把坚持新发展理念作为新时代坚持和发展中国特色社会主义的基本方略，对发展内涵作了具有新的时代特点的全方位

拓展，把关于发展的思想和理论提升到新的高度。

所谓新发展理念就是创新、协调、绿色、开放、共享的发展理念。其中，创新发展注重的是解决发展动力问题，协调发展注重的是解决发展不平衡问题，绿色发展注重的是解决人与自然和谐问题，开放发展注重的是解决发展内外联动问题，共享发展注重的是解决社会公平正义问题。

1. 创新是引领发展的第一动力

发展动力决定发展速度、效能、可持续性。对我国这么大体量的经济体来讲，如果动力问题解决不好，要实现经济持续健康发展是难以做到的。

坚持创新发展，是应对发展环境变化、增强发展动力、把握发展主动权，更好引领新常态的根本之策。抓住了创新，就抓住了牵动经济社会发展全局的关键。

坚持创新发展，树立创新发展理念，就是把创新摆在国家发展全局的核心位置，不断推进理论创新、制度创新、科技创新、文化创新等各方面创新，让创新贯穿党和国家一切工作，让创新在全社会蔚然成风。

【议题情景1：国产盾构机的崛起之路】

盾构机被称为机械工程之王，因此其技术难度之高，可想而知。2019年6月，由中交天和机械设备制造有限公司研制的振兴号盾构机正式在常熟下线，该机总重量高达4000吨，仅刀盘直径就有15.03米，总长更是达到了135米之多，就像是一条钢铁巨龙。

虽然近些年来，我国盾构机技术已经获得了长足发展，以至于全球三分之二的盾构机都出自中国。但与以往不同的是，振兴号盾构机有着非凡的意义，它的出现，标志着中国彻底掌握了盾构机的全部核心技术，可以说它是国产化程度最高的一台盾构机。同时，振兴号盾构机还开创性地融入了全智能化管片拼装以及智慧化远程安全监控等新兴智能技术，实现了机械与智能化操作的完美融合。

振光号盾构机将被用于横穿长江的一条长达2976米的过江隧道，极为复杂的地质条件将为施工带来极为严苛的考验。在2019年年初获得了年度最高科技奖的钱七虎院士专门为此项目出山，提供技术支持以及保障。2019年钱院士已经82岁高龄了，此前他曾为我国核弹防护工程做出卓越贡献。在此之前，盾构机一直都是我国制造业之痛，长期以来，我们都造不出这种设备。为此，在1997年，我国为了建设西康铁路，花费6亿从德国进口了两台盾构机。

要知道在当年，我国一年的国防预算才813亿。而在设备到手之后，我们才发现，德国盾构机不光价格高昂，还老出故障，动不动就罢工，然后服务还非常差，在维修保养期间，甚至禁止我们参与其中。我们不得不等着他们维护，为此停工数日，往往带来数百万的损失。

众所周知，任何被垄断的高精尖技术，一旦被中国突破，其价格便会在短时间之内迅速下降。因为中国制盾构机物美价廉，性价比超高，以至于当年新加坡从日本订购盾构机的时候，日本直接从中国买了两台加价倒卖了出去。而如今，国产盾构机更是深入欧洲核心区域，卖到了意大利。

（资料来源：《中国盾构机物美价廉！日本甚至不惜低价买入：再高价倒卖出去》）

2. 协调是持续健康发展的内在要求

我国发展不协调是一个长期存在的问题，突出表现在区域、城乡、经济和社会、物质文明和精神文明、经济建设和国防建设等关系上。

在经济发展水平落后的情况下，一段时间的主要任务是要跑得快，但跑过一定路程后，就要注意调整关系，注重发展的整体效能，否则“木桶效应”就会愈加显现，一系列社会矛盾会不断加深。

协调既是发展手段又是发展目标，同时还是评价发展的标准和尺度；协调既要着力破解难题、补齐短板，又要考虑巩固和厚植原有优势。协调发展不是搞平均主义，而是更注重发展机会公平、更注重资源配置均衡；协调发展就是要找出短板，在补齐短板上多用力，通过补齐短板挖掘发展潜力、增强发展后劲。

树立协调发展理念，坚持协调发展，就必须牢牢把握中国特色社会主义事业总体布局，正确处理发展中的重大关系，着力推动区域协调发展、城乡协调发展、物质文明和精神文明协调发展，推动经济建设和国防建设融合发展，不断增强发展整体性协调性。

3. 绿色是永续发展的必要条件

人因自然而生，人与自然是一种共生关系，人类发展活动必须尊重自然、顺应自然、保护自然，否则就会遭到大自然的报复，这个规律谁也无法抗拒。

当前，我国生态环境保护形势依然非常严峻，人民群众对清新空气、干净饮水、安全食品、优美环境的要求越来越强烈。

经过改革开放40多年的快速发展，我国经济建设取得历史性成就，同时也积累了大量生态环境问题，成为明显的短板。各类环境污染呈高发态势，成为民生之患、民心之痛。

长期以来，我国面临的生态环境形势可以用“三高一低”来概括：高投入、高消耗、高污染以及低产出。

高投入：改革开放以来，我国GDP增长15倍，但矿产资源消耗增长了40多倍。

高消耗、低产出：据统计，1美元GDP所消耗的能源，日本是1，意大利是1.33，法国是1.5，德国是1.5，英国是2.17，美国是2.67，加拿大是3.5，中国是11.5。可见，我国目前每创造1美元GDP所消耗的能源是美国的4.3倍，日本的11.5倍；能源利用率仅是美国的26.9%，日本的11.5%。

高污染：情况最严重的时候，外国媒体甚至用“未富先脏”来评价今天的中国。

可以说，我国现代化一度面临着严峻的生态环境形势：资源支撑不住，环境容纳不下，社会承受不起，经济发展难以为继。

为此，1983年，我国将环境保护确定为基本国策。1994年，我国政府响应联合国号召，率先制定了《中国21世纪议程》，提出实施可持续发展战略。2003年，党的十六届三中全会提出以人为本，全面协调可持续的科学发展观。2005年，党的十六届五中全会把资源节约作为基本国策，把建设资源节约型、环境友好型社会作为“十一五”的重大战略任务，首次将单位GDP能耗降低作为五年规划发展目标。2007年，党的十七大首次提出把建设生态文明作为实现全面建设小康社会五大目标之一。

党的十八大以来，以习近平同志为核心的新一代领导集体把生态文明建设摆在改革发展和现代化建设全局位置，坚定贯彻新发展理念，不断深化生态文明体制改革，开创了生态文明建设和环境保护新局面。2012年，党的十八大把生态文明建设纳入中国特色社会主义事业“五位一体”总体布局，提出“建设美丽中国”目标。2013年，十八届三中全会提出，紧紧围绕建设美丽中国深化生态文明体制改革，建立系统完整的生态文明制度体系，用制度保护生态环境。2014年，十八届四中全会提出，用严格的法律制度保护生态环境。2015年5月5日，新华社受权播发了中共中央、国务院印发《关于加快推进生态文明建设的意见》，这是继党的十八大和十八届三中、四中全会后，中央对生态文明建设的一次全面部署。2015年9月11

日，中共中央政治局会议，审议通过了《生态文明体制改革总体方案》。2017年，党的十九大明确了到本世纪中叶把我国建设成为富强民主文明和谐美丽的社会主义现代化强国的目标。

2018年，十三届全国人大一次会议通过的宪法修正案，将这一目标载入国家根本法，进一步凸显了建设美丽中国的重大现实意义和深远历史意义，为建设美丽中国、实现中华民族永续发展提供了根本遵循和保障。

习近平总书记指出，绿水青山就是金山银山。建设生态文明是关系人民福祉、关乎民族未来的千年大计，是实现中华民族伟大复兴的重要战略任务。

树立绿色发展理念，就必须坚持节约资源和保护环境的基本国策，解决好人与自然和谐共生问题，要求我们坚定走生产发展、生活富裕、生态良好的文明发展道路，加快建设资源节约型、环境友好型社会，形成人与自然和谐发展的现代化建设新格局，推进美丽中国建设。

【议题情景2：塞罕坝林场建设者获联合国“地球卫士奖”】

“塞罕坝”系蒙汉合璧语，意为“美丽的高岭”，位于河北省承德市北部、内蒙古浑善达克沙地南缘。历史上，塞罕坝曾是一处水草丰沛、森林茂密、禽兽繁集的天然名苑，辽、金时期称“千里松林”。1681年，康熙在此设立了“木兰围场”（满语，意为哨鹿狩猎）。塞罕坝是“木兰围场”的重要组成部分。据史料记载，自康熙二十年（1681）至嘉庆二十五年（1820）的139年间，康熙、乾隆、嘉庆共在“木兰围场”“肄武、绥藩”105次。后来由于过度采伐，土地日渐贫瘠。到20世纪50年代，千里林海已变成人迹罕至、风沙肆虐的沙源地。

1962年，原林业部在河北省围场满族蒙古族自治县北部组建了塞罕坝机械林场。建场以来，塞罕坝一边抓造林，一边抓营林。特别是自1983年全面转入森林经营阶段以来，树立起“造林固本、经营培元”的理念，摸索出一套科学抚育管护的模式，实现了良性循环的发展链条。

经过55年的奋斗，整个塞罕坝能够造林的地方几乎已被开发殆尽。现在的塞罕坝，已经建成了世界上面积最大的人工林场。与建场前相比，森林覆盖率从11.4%提高到80%，林木蓄积量由33万立方米增加到1012万立方米。每年可涵养水源、净化水质1.37亿立方米，固碳74.7万吨，释放氧气54.5万吨，林场森林资产总价值达202亿元，提供的生态服务价值超过120亿元。55年时间，塞罕坝的发展历程生动诠释着“绿水青山就是金山银山”的发展理念。

2014年4月，中宣部授予塞罕坝机械林场“时代楷模”荣誉称号。2017年12月，塞罕坝机械林场获得联合国环境规划署颁发的“地球卫士奖”。

（资料来源：《塞罕坝：生态文明建设范例》；《“这是属于塞罕坝三代人的荣誉”——塞罕坝林场建设者获颁“地球卫士奖”》）

4. 开放是国家繁荣发展的必由之路

开放带来进步，封闭必然落后。实践告诉我们，要发展壮大，必须主动顺应经济全球化潮流，充分运用人类社会创造的先进科学技术成果和有益管理经验。

坚持对外开放。要看到现在推进开放发展，面临的国际国内形势与以往有很大不同，总体上有利因素更多，但也面临更深层次的风险挑战。

国际经济合作和竞争局面正在发生深刻变化，全球经济治理体系和规则正在面临重大调整，引进来、走出去在深度、广度、节奏上都是过去所不可比拟的，应对外部经济风险、维护国家经济安全的压力也是过去所不能比拟的。

树立开放发展理念，坚持开放发展，奉行互利共赢的开放战略，坚持内外需协调、进出口平衡、引进来和走出去并重、引资和引技引智并举，就必须提高对外开放的质量和发展的内外联动性，主动参与和推动经济全球化进程，发展更高层次的开放型经济，积极参与全球经济治理和公共产品供给，提高我国在全球经济治理中的制度性话语权，不断壮大我国经济实力和综合国力。

5. 共享是中国特色社会主义的本质要求

让广大人民群众共享改革发展成果，是社会主义的本质要求，是社会主义制度优越性的集中体现，是我们党坚持全心全意为人民服务根本宗旨的重要体现。这方面问题解决好了，全体人民推动发展的积极性、主动性、创造性就能充分调动起来，国家发展也才能具有最深厚的伟力。当前我国发展的“蛋糕”不断做大，但分配不公的问题仍然比较突出。在共享改革发展成果上，无论是实际情况还是制度设计，都还有不完善的地方。树立共享发展理念，就必须坚持发展为了人民、发展依靠人民、发展成果由人民共享，作出更有效的制度安排，坚持全民共享、全面共享、共建共享、渐进共享，使全体人民有更多获得感、幸福感、安全感，朝着共同富裕方向稳步前进。

其内涵主要有四个方面。

一是全民共享，即共享发展是人人享有、各得其所，不是少数人共享、一部分人共享。

二是全面共享，即共享发展就要共享国家经济、政治、文化、社会、生态文明各方面建设成果，全面保障人民在各方面的合法权益。

三是共建共享，即只有共建才能共享，共建的过程也是共享的过程。

四是渐进共享，即共享发展必将有一个从低级到高级、从不均衡到均衡的过程，即使达到很高的水平也会有差别。坚持共享发展，就要不断把“蛋糕”做大，又把不断做大的“蛋糕”分好，让人民群众有更多获得感。

创新是引领发展的第一动力，协调是持续健康发展的内在要求，绿色是永续发展的必要条件，开放是国家繁荣发展的必由之路，共享是中国特色社会主义的本质要求。

创新、协调、绿色、开放、共享的新发展理念，相互贯通、相互促进，是具有内在联系的集合体。创新注重的是解决发展动力问题，协调注重的是解决发展不平衡问题，绿色注重的是解决人与自然和谐问题，开放注重的是解决发展内外联动问题，共享注重的是解决社会公平正义问题。新发展理念集中体现了我国经济的发展思路、发展方向、发展着力点，具有很强的战略性、纲领性、引领性。

我们要深化认识，从整体上、内在联系中把握新发展理念，要统一贯彻，不能顾此失彼，也不能相互替代，哪一个发展理念贯彻不到位，发展进程都会受到影响。努力提高统筹贯彻新发展理念的能力和水平，推动建设现代化经济体系。

教学内容三：把推进供给侧结构性改革作为经济工作的主线

推进供给侧结构性改革，是适应把握引领经济发展新常态的重大创新，是适应国际金融危机发生后综合国力竞争新形势的主动选择，是推动我国经济实现高质量发展的必然要求。习近平总书记强调，推进供给侧结构性改革是一场硬仗，要以锐意进取、敢于担当的精神状态，脚踏实地、真抓实干的工作作风，打赢这场硬仗。要把推进供给侧结构性改革作为当前和今后一个时期经济发展和经济工作的主线，转变发展方式，培育创新动力，为经济持续健康发展打造新引擎、构建新支撑。

供给和需求是市场经济内在关系的两个基本方面，是对立统一的辩证关系，二者你离不开我、我离不开你，相互依存、互为条件。没有需求，供给就无从实现，新的需求可以催生新的供给；没有供给，需求就无法满足，新的供给可以创造新的需求。供给侧管理和需求侧管理是调控宏观经济的两个基本手段。需求侧管理，重在解决总量性问题；供给侧管理，重在解决结构性问题。

当前和今后一段时期，我国经济发展面临的问题，供给和需求两侧都有，但矛盾的主要方面在供给侧。比如，我国一些行业和产业产能严重过剩，同时，大量关键装备、核心技术、高端产品还依赖进口；我国农业发展形势很好，但一些农产品供给没有很好适应需求变化；一些有大量购买力支撑的消费需求，在国内得不到有效供给，消费者将大把钞票花费在出境购物、“海淘”购物上；等等。事实证明，我国不是需求不足，或没有需求，而是需求变了，供给的产品却没有变，供给的质量、服务跟不上。有效供给能力不足带来大量“需求外溢”，消费能力严重外流。解决这些结构性问题，必须从供给侧发力，找准在世界供给市场上的定位；必须把改善供给侧结构作为主攻方向，实现由低水平供需平衡向高水平供需平衡跃升。说到底，供给侧结构性改革的根本，就是要使我国供给能力更好满足广大人民日益增长的美好生活需要。

纵观世界经济发展史，经济政策是以供给侧为重点还是以需求侧为重点，要依据一国宏观经济形势作出抉择。放弃需求侧谈供给侧或放弃供给侧谈需求侧都是片面的，二者不是非此即彼、一去一存的替代关系，而是要相互配合、协调推进。供给侧结构性改革，既强调供给又关注需求，既突出发展社会生产力又注重完善生产关系，既发挥市场在资源配置中的决定性作用又更好发挥政府作用，既着眼当前又立足长远。推进改革的内涵是增强供给侧结构对需求变化的适应性、灵活性，不断让新的需求催生新的供给，让新的供给创造新的需求，在相互推动中实现经济发展。从政治经济学角度看，供给侧结构性改革的根本，是使我国供给能力更好满足广大人民日益增长的美好生活需要，从而实现社会主义生产目的。不能把供给侧结构性改革看成是西方供给学派的翻版，更要防止有些人用他们的解释来宣扬“新自由主义”。近年来，我国供给侧结构性改革深入推进，经济结构不断优化，同时，在引领全球经济治理中也发挥着积极作用。2016年的G20杭州峰会将“结构性改革”写入成果文件，列入全球经济治理行动指南。国际社会普遍认为，中国已经成为全球结构性改革的引领者。

供给侧结构性改革的重点，是解放和发展社会生产力，用改革的办法推进结构调整，减少无效和低端供给，扩大有效和中高端供给，增强供给结构对需求变化的适应性和灵活性，提高全要素生产率。打赢供给侧结构性改革这场硬仗，要按照党的十九大的部署，把提高供给体系质量作为主攻方向，着力去产能、去库存、去杠杆、降成本、补短板，同时还要重点在“破”“立”“降”上下功夫。要大力破除无效供给，处置“僵尸企业”，该“断奶”的就“断奶”，该断贷的就断贷，坚决拔掉“输液管”“呼吸机”。要大力培育新动能，强化科技创新，发展绿色产业，培育新业态新模式，在中高端消费、创新引领、绿色低碳、共享经济、现代供应链、人力资本服务等领域形成新增长点。要大力降低实体经济成本，以降低企业负担为目标，研究降低制造业增值税税率，继续清理规范涉企收费，采取措施解决收费过高等问题。要通过深化供给侧结构性改革，优化存量资源配置，扩大优质增量供给，实现更高水平和更高质量的供需动态平衡，显著增强我国经济质量优势。

教学内容四：建设现代化经济体系

建设现代化经济体系，是以习近平同志为核心的党中央从党和国家事业全局出发，着眼于实现“两个一百年”奋斗目标，顺应中国特色社会主义进入新时代的新要求作出的重大战略决策部署。习近平总书记强调，国家强，经济体系必须强。建设现代化经济体系是一篇大文章，既是一个重大理论命题，更是一个重大实践课题，集中体现了转变发展方式、优化经济结构、转换增长动力的迫切要求。要深刻认识建设现代化经济体系的重要性和艰巨性，科学把握建设现代化经济体系的目标和重点，推动我国经济发展焕发新活力、迈上新台阶。

现代化经济体系，是由社会经济活动各个环节、各个层面、各个领域的相互关系和内在联系构成的有机整体。这个经济体系主要包括以下几个方面的内容。

一是建设创新引领、协同发展的产业体系，实现实体经济、科技创新、现代金融、人力资源协同发展，使科技创新在实体经济发展中的贡献份额不断提高，现代金融服务实体经济的能力不断增强，人力资源支撑实体经济发展的作用不断优化。

二是建设统一开放、竞争有序的市场体系，实现市场准入畅通、市场开放有序、市场竞争充分、市场秩序规范，加快形成企业自主经营公平竞争、消费者自由选择自主消费、商品和要素自由流动平等交换的现代市场体系。

三是建设体现效率、促进公平的收入分配体系，实现收入分配合理、社会公平正义、全体人民共同富裕，推进基本公共服务均等化，逐步缩小收入分配差距。

四是建设彰显优势、协调联动的城乡区域发展体系，实现区域良性互动、城乡融合发展、陆海统筹整体优化，培育和发挥区域比较优势，加强区域优势互补，塑造区域协调发展新格局。

五是建设资源节约、环境友好的绿色发展体系，实现绿色循环低碳发展、人与自然和谐共生，牢固树立和践行绿水青山就是金山银山理念，形成人与自然和谐发展的现代化建设新格局。

六是建设多元平衡、安全高效的全面开放体系，发展更高层次开放型经济，推动开放朝着优化结构、拓展深度、提高效益方向转变。

七是建设充分发挥市场作用、更好发挥政府作用的经济体制。

以上几个方面是个统一的整体，要一体建设、一体推进。习近平总书记强调，只有形成符合中国国情、具有中国特色的现代化经济体系，才能更好顺应现代化发展潮流，赢得国际竞争主动，为其他领域现代化提供有力支撑，为实现人民对美好生活的向往打下更为坚实而强大的物质基础。

推动高质量发展，建设现代化经济体系，必须牢牢把握高质量发展的要求，坚持质量第一、效率优先，以供给侧结构性改革为主线，推动经济发展质量变革、效率变革、动力变革，提高全要素生产率，着力加快建设实体经济、科技创新、现代金融、人力资源协同发展的产业体系，着力构建市场机制有效、微观主体有活力、宏观调控有度的经济体制，不断增强我国经济创新力和竞争力。

大力发展实体经济，筑牢现代化经济体系的坚实基础。实体经济是一国经济的立身之本，是财富创造的根本源泉，是国家强盛的重要支柱。要深化供给侧结构性改革，加快发展先进制造业，推动互联网、大数据、人工智能同实体经济深度融合，推动资源要素向实体经济集聚、政策措施向实体经济倾斜、工作力量向实体经济加强，激发和保护企业家精神，弘扬劳模精神和工匠精神，营造脚踏实地、勤劳创业、实业致富的发展环境和社会氛围。

加快实施创新驱动发展战略，强化现代化经济体系的战略支撑。要瞄准世界科技前沿，强化基础研究，实现前瞻性基础研究、引领性原创成果重大突破。加强国家创新体系建设，强化战略科技力量，推动科技创新和经济社会发展深度融合，塑造更多依靠创新驱动、更多发挥先发优势的引领型发展。培养造就一大批具有国际水平的战略科技人才、科技领军人才、青年科技人才和高水平创新团队。

实施乡村振兴战略，夯实现代化经济体系的重要基础。乡村振兴是一盘大棋，要把这盘大棋走好，必须坚持走中国特色社会主义乡村振兴之路，让农业成为有奔头的产业，让农民成为有吸引力的职业，让农村成为安居乐业的美丽家园。建立健全城乡融合发展体制机制和政策体系，加快推进农业农村现代化。巩固和完善农村基本经营制度，深化农村土地制度改革，完善承包地“三权”分置制度。保持土地承包关系稳定并长久不变，第二轮土地承包到期后再延长30年。深化农村集体产权制度改革，保障农民财产权益，壮大集体经济。确保国家粮食安全，把中国人的饭碗牢牢端在自己手中。构建现代农业产业体系、生产体系、经营体系，健全农业社会化服务体系，实现小农户和现代农业发展有机衔接，促进农村一二三产业融合发展，健全自治、法治、德治相结合的乡村治理体系。

【议题情景3：乡村振兴促进城乡融合发展】

城乡二元经济结构是指以社会化生产为主要特点的城市经济和以小农生产为主要特点的农村经济并存的经济结构。我国城乡二元经济结构主要表现为：城市经济以现代化的大工业生产为主，而农村经济以典型的小农经济为主；城市的道路、通信、卫生和教育等基础设施发达，而农村的基础设施落后；城市的人均消费水平远远高于农村；相对于城市，农村人口众多等。这种状态既是发展中国家的经济结构存在的突出矛盾，也是这些国家相对贫困和落后的重要原因。发展中国家的现代化进程，可以说在很大程度上是要实现城乡二元经济结构向现代经济结构的转换。

乡村振兴战略是习近平同志2017年10月18日在党的十九大报告中提出的战略。十九大报告指出，农业农村农民问题是关系国计民生的根本性问题，必须始终把解决好“三农”问题作为全党工作的重中之重，实施乡村振兴战略。2018年1月2日，《中共中央国务院关于实施乡村振兴战略的意见》提出：“坚持把解决好‘三农’问题作为全党工作重中之重，坚持农业农村优先发展，按照产业兴旺、生态宜居、乡风文明、治理有效、生活富裕的总要求，建立健全城乡融合发展体制机制和政策体系，统筹推进农村经济建设、政治建设、文化建设、社会建设、生态文明建设和党的建设，加快推进乡村治理体系和治理能力现代化，加快推进农业农村现代化，走中国特色社会主义乡村振兴道路，让农业成为有奔头的产业，让农民成为有吸引力的职业，让农村成为安居乐业的美丽家园。”

按照党的十九大提出的决胜全面建成小康社会、分两个阶段实现第二个百年奋斗目标的战略安排，中央农村工作会议明确了实施乡村振兴战略的目标任务：到2020年，乡村振兴取得重要进展，制度框架和政策体系基本形成；到2035年，乡村振兴取得决定性进展，农业农村现代化基本实现；到2050年，乡村全面振兴，农业强、农村美、农民富全面实现。

（资料来源：《中共中央国务院关于实施乡村振兴战略的意见》）

积极推动城乡区域协调发展，优化现代化经济体系的空间布局。实施好区域协调发展战略，加大力度支持革命老区、民族地区、边疆地区、贫困地区加快发展，强化举措推进西部大开发形成新格局，深化改革加快东北等老工业基地振兴，发挥优势推动中部地区崛起，创新引领率先实现东部地区优化发展，建立更加有效的区域协调发展新机制。以城市群为主体构建大中小城市和小城镇协调发展的城镇格局，加快农业转移人口市民化。推动京津冀协同发展和长江经济带发展，同时协调推进粤港澳大湾区发展。坚持陆海统筹，加快建设海洋强国。

【议题情景4：区域协调发展战略】

区域协调发展战略是中共十六届三中全会提出的“五个统筹”之一。2020年5月22日，国务院总理李克强在发布的2020年国务院政府工作报告中提出：“加快落实区域发展战略。继续推动西部大开发、东北全面振兴、中部地区崛起、东部率先发展。深入推进京津冀协同发展、粤港澳大湾区建设、长三角一体化发展。推进长江经济带共抓大保护。编制黄河流域生态保护和高质量发展规划纲要。推动成渝地区双城经济圈建设。促进革命老区、民族地区、边疆地区、贫困地区加快发展。发展海洋经济。”

着力发展开放型经济，提高现代化经济体系的国际竞争力。要以“一带一路”建设为重点，坚持引进来和走出去并重，形成陆海内外联动、东西双向互济的开放格局。拓展对外贸易，培育贸易新业态新模式，大幅度放宽市场准入，扩大服务业对外开放，保护外商投资合法权益。优化区域开放布局，加大西部开放力度。赋予自由贸易试验区更大改革自主权，促进国际产能合作，形成面向全球的贸易、投融资、生产、服务网络，加快培育国际经济合作和竞争新优势。

深化经济体制改革，完善现代化经济体系的制度保障。经济体制改革必须以完善产权制度和要素市场化配置为重点，坚决破除各方面体制机制弊端，激发全社会创新创业活力。要完善各类国有资产管理体制，促进国有资产保值增值，推动国有资本做强做优做大；深化国有企业改革，发展混合所有制经济，培育具有全球竞争力的世界一流企业；支持民营企业发展，激发各类市场主体活力。深化商事制度改革，全面实施市场准入负面清单制度，加快要素价格市场化改革，完善市场监管体制。创新和完善宏观调控，发挥国家发展规划的战略导向作用，健全财政、货币、产业、区域、消费、投资等经济政策协调机制，加快建立现代财政制度，深化税收制度改革，深化金融体制改革。

教学内容五：使市场在资源配置中起决定性作用，更好发挥政府作用

推进供给侧结构性改革，建设现代化经济体系，推动我国经济实现高质量发展，必须处理好政府和市场的关系。党的十九大强调，要使市场在资源配置中起决定性作用，更好发挥政府作用。这个重大判断，有利于在全党全社会进一步树立关于政府和市场关系的正确观念，有利于转变经济发展方式，有利于转变政府职能，有利于抑制消极腐败现象。

切实发挥市场在资源配置中的决定性作用。市场决定资源配置是市场经济的一般规律，市场经济本质上就是市场决定资源配置的经济。理论和实践都证明，市场配置资源是最有效率的形式。必须不失时机地加大改革力度，坚持社会主义市场经济改革方向，在思想上更加尊重市场决定资源配置这一市场经济的一般规律，在行动上大幅度减少政府对资源的直接配置，推动资源配置依据市场规则、市场价格、市场竞争实现效益最大化和效率最优化，让发展活力竞相迸发、社会财富充分涌流。要以完善产权制度和要素市场化配置为重点推进经济体制改革，实现产权有效激励、要素

自由流动、价格反应灵活、竞争公平有序、企业优胜劣汰。

要更好发挥政府作用。市场在资源配置中起决定性作用，并不是起全部作用，不是说政府就无所作为，而是必须坚持有所为、有所不为，着力提高宏观调控和科学管理水平。2008年国际金融危机爆发，既是资本主义基本矛盾激化的结果，也是资本主义市场经济高度依赖市场机制自发作用、极端轻视和削弱政府干预的直接后果。资本主义市场经济严重扭曲了政府与市场的关系，资源配置效率低下，并不像西方经济学教科书里描述的那般美妙。习近平总书记指出："更好发挥政府作用，不是要更多发挥政府作用，而是要在保证市场发挥决定性作用的前提下，管好那些市场管不了或管不好的事情。"我国实行的是社会主义市场经济体制，仍然要坚持发挥社会主义制度的优越性、发挥党和政府的积极作用。科学的宏观调控、有效的政府治理，是发挥社会主义市场经济体制优势的内在要求。政府的职责和作用主要是保持宏观经济稳定，加强和优化公共服务，保障公平竞争，弥补市场失灵，加强市场监管，维护市场秩序，推动可持续发展，促进共同富裕。

无论是使市场在资源配置中起决定性作用，还是更好发挥政府作用，都必须毫不动摇地坚持我国的基本经济制度。实行公有制为主体、多种所有制经济共同发展，是我们国家的基本经济制度。公有制经济和非公有制经济都是社会主义市场经济的重要组成部分，都是我国经济社会发展的重要基础。必须毫不动摇巩固和发展公有制经济，坚持公有制主体地位，发挥国有经济主导作用，深化国有企业改革，发展混合所有制经济，培育具有全球竞争力的世界一流企业，推动国有资本做强做优做大。必须毫不动摇鼓励、支持和引导非公有制经济发展，激发非公有制经济活力和创造力。任何想把公有制经济否定掉或者想把非公有制经济否定掉的观点，都是不符合最广大人民根本利益的，都是不符合我国改革发展要求的，因此也都是错误的。

处理好政府和市场的关系，要讲辩证法、两点论，把"看不见的手"

和“看得见的手”都用好。两者关系处理得好，经济发展就会“琴瑟和鸣”；处理不好，经济发展就会“孤掌难鸣”。要坚持使市场在资源配置中起决定性作用，完善市场机制，打破行业垄断、进入壁垒、地方保护，增强企业对市场需求变化的反应和调整能力，提高企业资源要素配置效率和竞争力；要更好发挥政府作用，不是简单下达行政命令，而是在尊重市场规律的基础上，用改革激发市场活力，用政策引导市场预期，用规划明确投资方向，用法治规范市场行为。

考核评价

选择题

1. 党的十八届五中全会提出，必须牢固树立创新、协调、（　　）、开放、共享的新发展理念。

A. 改革　　B. 绿色　　C. 和谐　　D. 共享

2.（　　）发展体现了我们党全心全意为人民服务的根本宗旨，体现了人民是推动发展的根本力量的唯物史观。

A. 创新　　B. 开放　　C. 绿色　　D. 共享

3. 共享发展理念，其内涵主要有4个方面，分别是（　　）。

A. 全民共享、部分共享、共治共享、渐进共享

B. 全民共享、全面共享、共建共享、渐进共享

C. 全民共享、全面共享、共治共享、渐进共享

D. 全民共享、部分共享、共建共享、同步共享

4. 供给侧结构性改革的根本目的是（　　）。

A. 提高社会生产力水平

B. 解决大学生就业问题

C. 提高全要素生产率

D. 增强金融对实体经济的支撑

5. 党的十九大强调，要使（　　）在资源配置中起决定性作用，更好发挥（　　）作用。

A. 政府　市场　　　　B. 市场　计划

C. 市场　政府　　　　D. 计划　市场

论述题

1. 试论“绿水青山就是金山银山”。

2. 结合身边案例，谈谈你对供给侧结构性改革的认识和理解。

答案：选择题：BDBAC

论述题：（略）